EL LIBRO DEL SABER

Civilizaciones y conocimiento

LIBSA

© 2006, Editorial LIBSA
San Rafael, 4
28108. Alcobendas. Madrid
Tel. (34) 91 657 25 80
Fax (34) 91 657 25 83
e-mail: libsa@libsa.es
www.libsa.es

Traducción: José Luis Tamayo/Inés Martín

Título original: *The picture book of knowledge*

ISBN: 84-7630-750-0

CONTENIDO

EL MUNDO ANTIGUO

LOS CONTINENTES

LA VIDA Y LAS COSTUMBRES

CÓMO FUNCIONAN LAS COSAS

LA VIDA PREHISTÓRICA

HACE CIENTOS de millones de años que existe la vida sobre la Tierra. Sin embargo, las clases de plantas y de animales que viven hoy, no existían en aquellos tiempos. Si pudiéramos retroceder en el tiempo viajando a millones de años atrás, podríamos ver algunas especies completamente diferentes; era la vida prehistórica. Hay muchos seres vivientes que han ido cambiando gradualmente a lo largo de los tiempos para adaptarse mejor y sobrevivir en el ambiente de alrededor o para extinguirse (muriendo). A este proceso se le llama evolución. Algunos peces evolucionaron convirtiéndose en anfibios; algunos anfibios, en reptiles y algunos reptiles, en mamíferos y pájaros.

◄ En la Era Carbonífera, hace 300 millones de años, algunas partes del mundo estaban cubiertas de cálidas y húmedas junglas pantanosas. El aire estaba poblado de insectos, entre ellos unas libélulas gigantescas de muchos centímetros de longitud. A lo largo de millones de años, algunos peces se convirtieron en animales capaces de vivir fuera del agua. Estos anfibios seguían teniendo cabeza y cola como las de los peces, pero tenían patas y pies. Un poco más tarde, algunos anfibios lograron poner sus huevos fuera del agua, transformándose así en reptiles.

VER TAMBIÉN: PÁGINA 6, EL HOMBRE PRIMITIVO.

Los dinosaurios eran reptiles terrestres que se sostenían sobre las patas. Eran desde los enormes herbívoros de cuello largo, como el *Diplodocus*, hasta veloces corredores, pequeños como un pollo, como los *Compsognathus*. Bestias carnívoras muy robustas, como los *Allosaurus*, se alimentaban de otros dinosaurios. Pero algunos, como los *Stegosaurus*, tenían unas fuertes defensas: el lomo y la cola cubiertos de placas erizadas. Todos los dinosaurios se extinguieron hace 65 millones de años.

Uno de los primeros pájaros fue el *Archaeopteryx*. Probablemente era un pequeño dinosaurio que tenía unas alas con plumas.

LOS PRIMEROS SERES VIVOS

Los primeros seres vivos aparecieron hace 3.500 millones de años. Eran cuerpos muy pequeños, similares a las bacterias. Pasaron millones de años hasta que esos microorganismos se convirtieron en criaturas más grandes. Pero, durante la Era Cámbrica, hace 550 millones de años, ya se podía encontrar una asombrosa variedad de vida (*abajo*).

Los primeros mamíferos aparecieron durante la Era de los Dinosaurios. Eran animales pequeños, como las musarañas, que salían sólo de noche por miedo a los reptiles gigantes. Cuando se extinguieron, apareció una enorme variedad de mamíferos y de aves. Algunos mamíferos prehistóricos eran muy diferentes de los actuales. También evolucionaron los mamíferos en los océanos (las ballenas y los delfines), mientras que otros aprendieron a volar (los murciélagos).

EL HOMBRE PRIMITIVO

SABEMOS cómo ha vivido la gente desde los tiempos de la invención de la escritura, hace unos 5.500 años. Antes de eso, sabemos mucho de cómo vivieron por los múltiples objetos que la gente dejó tras de sí: vasijas, armas, restos de construcciones y cosas así. Pero la historia del ser humano se remonta a millones de años, al momento en que la primera criatura parecida al mono empezó a caminar sobre dos pies.

Los científicos están empezando a reconstruir la vida del hombre primitivo, estudiando restos de esqueletos. Sus descubrimientos demuestran que, a lo largo de los años, los seres humanos se hicieron cada vez más inteligentes, aprendiendo a usar armas, a vivir y trabajar juntos, a hablar unos con otros, a cazar y a construir refugios.

Algunas de las más famosas pinturas rupestres se descubrieron en Lascaux, en el suroeste de Francia. Se pintaron hace unos 15.000 años.

Derribar a un mamut lanudo, un gigantesco elefante prehistórico, era una peligrosa tarea. La gente se reunía en grupos para cazarlos.

◄ Hace unos 100.000 años, en muchas partes del mundo el clima empezó a ser mucho más frío que el actual. La Era Glacial, como se llamó a este período, duró hasta hace unos 10.000 años. Una gruesa capa de hielo cubría extensas zonas de Norteamérica, Europa y Asia. La gente vivía durante esos tiempos fríos y desolados cazando animales, como los mamuts lanudos. Usaban lanzas de madera con cuchillas de piedra. Como refugio, el hombre vivía en tiendas hechas con ramas y pieles de animales o en cuevas.

VER TAMBIÉN: PÁGINA 4, LA VIDA PREHISTÓRICA; PÁGINA 38, AGRICULTURA.

◄ Durante los años gélidos de la Era Glacial, la gente empezó a pintar escenas en las paredes de las cuevas. Trabajaban a la luz de unas lámparas y usaban colores hechos de piedras pulverizadas o de plantas. Es probable que no hicieran las pinturas sólo como decoración. El bisonte, el venado y los mamuts que aparecen en ellas eran una fuente vital de alimentos. Las pinturas pueden haber tenido el significado de ofrendas a los dioses, en la esperanza de que siempre hubiera animales para cazarlos. En todas las partes del mundo se han encontrado pinturas rupestres de esta época, hasta en Sudamérica y Australia.

En muchos lugares, como en las costas de Norteamérica, la gente pescaba, además de cazar.

En verano se recogían nueces, frutos y bayas, que también servían para alimentarse en invierno.

LOS PRIMEROS SERES HUMANOS

LOS SERES HUMANOS actuales aparecieron en la Tierra hace unos 125.000 años. Los científicos no saben quiénes o cómo eran nuestros antepasados. Probablemente, los seres humanos desciendan de los simios. A las primeras especies de animales humanoides que caminaron erguidos se les llamó australopitecos. Vivieron en África hace más de cuatro millones de años. El *homo erectus (debajo)*, un género posterior de hombre primitivo, era un hábil fabricante de utensilios y ya había aprendido a guisar sus alimentos poniéndolos al fuego.

Algunos *Homo erectus* vivían en cuevas hace 500.000 años.

Un poblado agrícola de China, hace unos 5.000 años. La gente tenía cabras y cerdos y cultivaba maíz.

◄ La Era Glacial llegó a su final y el clima se templó. La gente descubrió que podía recoger las semillas de algunas plantas silvestres y plantarlas en los campos. Algunas hierbas produjeron grano, que convertían en harina con la que podían hacer pan, moliéndola. Estos pueblos también domesticaban animales, como ganado bovino y cerdos, y los criaban por su leche y su carne.

EL ANTIGUO EGIPTO

EN LAS ORILLAS DEL RÍO NILO, en Egipto, se formó un gran reino hace 5.000 años. Fue una época de asombrosos logros humanos. Se construyeron monumentos fantásticos, como las pirámides y los templos. La gente del antiguo Egipto inventó una especie de escritura figurativa llamada jeroglífica.

El valle del Nilo, rodeado por el desierto, era fértil, porque el Nilo regaba la tierra y las cosechas crecían fácilmente. El Nilo era también la principal vía de comunicación de los egipcios. Los barcos podían transportar muchas más personas y mercancías que las recuas de animales.

► Para construir una pirámide, se cortaban bloques enormes de piedra en las canteras y se elevaban por rampas sobre rodillos.

◄ Los egipcios ricos tenían grandes casas y muchas tierras. Sus hijos iban a la escuela y terminaban sirviendo a los gobernantes de Egipto. La gente corriente trabajaba en los campos, pastoreando animales o cultivando las cosechas. Algunos hacían cerámica y tallas de madera o fabricaban objetos de metal. Las mujeres tejían el lino y hacían el pan. Los chicos trabajaban con sus padres. Las chicas solían ayudar en la cocina. En un día de mercado, los poblados se llenaban de gente que comerciaba con alimentos, ropas y cerámica.

◀ Las pirámides eran tumbas colosales para los faraones.

TUMBAS Y MOMIAS

LOS EGIPCIOS creían que era muy importante conservar el cuerpo de sus gobernantes después de la muerte. Haciendo esto, su espíritu podría vivir eternamente. Un cuerpo conservado se llama momia. Primero, limpiaban el cuerpo y lo rociaban de sal para desecarlo. Después lo vendaban con largas tiras de lino. Para terminar, colocaban el cuerpo en un ataúd pintado vistosamente y después lo enterraban en una tumba.

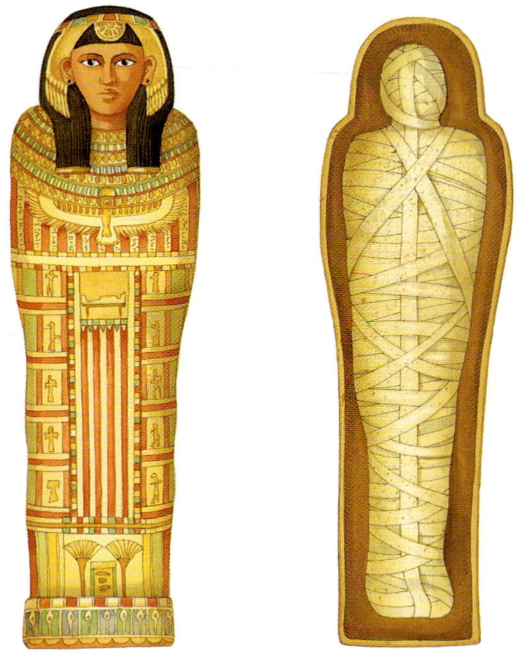

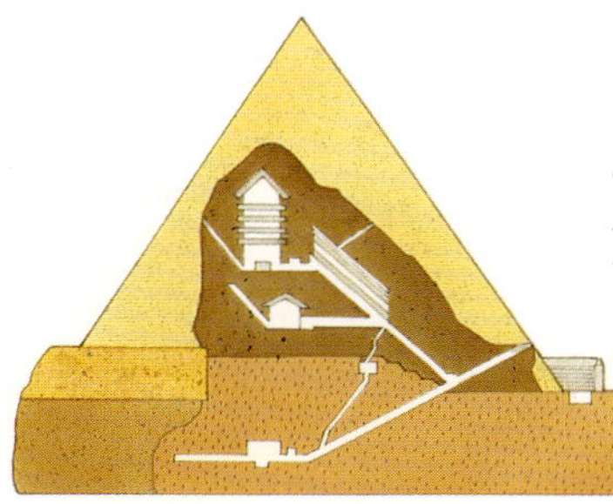

◀ Esta cámara mortuoria de un faraón estaba en las profundidades de la pirámide, con un pasadizo que conducía hasta ella.

▼ He aquí unos jeroglíficos. Cada signo equivale a una palabra o a un sonido.

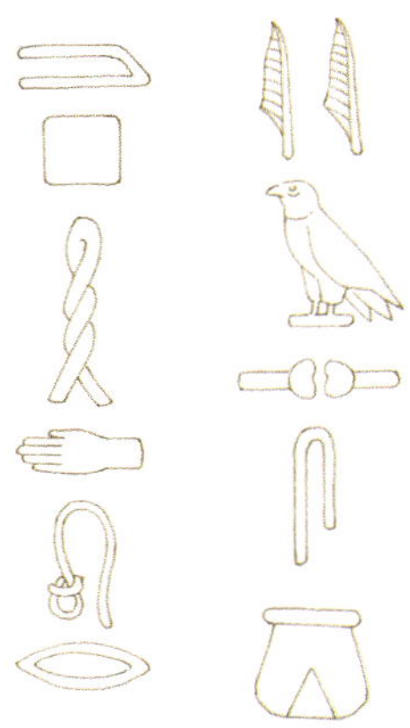

◀ El faraón era el rey en el Egipto antiguo. La gente creía que era como un dios. El faraón tenía poder absoluto sobre cualquiera, pero también utilizaba a sus ricos consejeros, llamados escribas, para ayudarle a gobernar el país.

Cuando morían los faraones, se les enterraba en tumbas del interior de las pirámides o debajo de los templos. También se enterraban en su tumba fantásticos tesoros, vasijas y hasta barcos. Los egipcios pensaban que los faraones podían necesitarlos en la siguiente vida.

◀ Los barcos se utilizaban para transportar mercancías y personas. Los primeros, muy rápidos, se hicieron de juncos, pero los posteriores ya eran de madera.

VER TAMBIÉN: PÁGINA 6, EL HOMBRE PRIMITIVO.

LA ANTIGUA GRECIA

HACE 2.500 años, Grecia disfrutó una época de riqueza, descubrimientos e inventos. Se la conoció como la Edad de Oro de Grecia. El país estaba dividido en pequeños estados, que solían constar de una capital o ciudad y de los pueblos que la rodeaban. La ciudad-estado de Atenas fue la más poderosa de todas. Estaba llena de hermosos templos y teatros y el pueblo ateniense vivía bien.

Los antiguos griegos tuvieron muchas ideas que han llegado hasta nosotros. Fueron los primeros en usar un sistema de gobierno llamado democracia, en el que la gente corriente elegía a sus líderes por medio del voto. Los médicos griegos fueron los primeros en comprender que muchas enfermedades podían curarse con la medicina. Los griegos crearon un alfabeto bastante parecido al que usamos hoy día.

Los teatros abiertos más grandes se construyeron de forma que incluso los que estaban en la última fila podían escuchar a los actores.

◄ En la antigua Grecia vivieron escritores, matemáticos y científicos brillantes. Unas personas inteligentes, llamadas filósofos, se planteaban cuestiones que siguen desconcertándonos hoy día. A los griegos les gustaba escuchar música, poesía y canciones. Muchos contaban historias o mitos, sobre héroes y dioses, como Zeus, Hera y Artemisa, que la gente creía que vivían en el monte Olimpo. Las representaciones teatrales eran muy populares. Los griegos construyeron grandes teatros al aire libre, aprovechando las laderas de las colinas, para que pudiera ver las representaciones mucha gente. Los actores llevaban máscaras y siempre eran hombres.

VER TAMBIÉN: PÁGINA 50, LOS DEPORTES; PÁGINA 52, LOS BARCOS.

◀ Los griegos, fanáticos de la salud y del físico, celebraban en Olimpia una competición de juegos deportivos cada cuatro años. (Hoy tenemos nuestra propia versión, que se llaman los Juegos Olímpicos.) Los griegos también apreciaban la libertad de expresión. Las charlas políticas solían tener lugar en la plaza del mercado (el ágora).

ALEJANDRO MAGNO

ALEJANDRO MAGNO procedía de Macedonia, en el norte de Grecia. Su padre, el rey Filipo de Macedonia, ya había gobernado toda Grecia. A la muerte de Filipo, Alejandro sólo tenía veinte años. Sin embargo, condujo a su poderoso ejército para conquistar una enorme extensión de territorio desde Egipto hasta el norte de la India, incluyendo al imperio Persia. A su muerte, el imperio de Alejandro era casi tan grande como lo son hoy día los Estados Unidos.

◀ Los hombres de la ciudad-estado de Esparta eran valientes guerreros. Los chicos tenían que abandonar el hogar cuando sólo tenían siete años de edad, para aprender a combatir. Los soldados espartanos —hoplitas— vestían armadura y llevaban escudos y lanzas.

▼ Atenas tenía una flota de barcos de guerra que se llamaban trirremes. Los remeros del interior iban en tres niveles. Las trirremes llevaban un pesado espolón de madera al frente (en la proa), que se utilizaba como un ariete para agujerear el casco del barco enemigo.

Los Romanos

ANTES DE LA fundación de Roma, en el año 773 a.C., existía un grupo de pequeños poblados en la Italia central. Más tarde, se convirtieron en una república: su líder fue elegido por el pueblo. Bajo Julio César y Augusto, el primer emperador, los romanos conquistaron muchos países. Pero hacia el año 300 d.C. su imperio era ya demasiado grande para controlarlo y empezaron las invasiones exteriores.

Los romanos construyeron carreteras largas y rectas, ciudades bien trazadas y complicados sistemas de calefacción y alcantarillado. Tenían teatros y baños públicos (termas) y se divertían con espectáculos que hoy día consideramos crueles, como hombres (gladiadores) luchando a muerte contra fieras o incluso entre ellos mismos.

Los espectadores rugían excitados cuando las cuádrigas se lanzaban alrededor de la pista. Muchos de los aurigas morían.

◀ La mayoría de las ciudades romanas tenían por lo menos una casa de baños. Todos iban allí a bañarse, a hacer ejercicio y a reunirse con los amigos. Las termas tenían varias estancias, entre ellas una sala caldeada con aire caliente y con vapor que salía de unas bañeras de agua caliente. Solía haber un estanque para remojarse. El aire caliente procedía de unos hornos subterráneos (un hipocausto) y el calor iba a las salas superiores a través de unos conductos que había en las paredes y en el techo. Para lavarse, la gente hacía que los esclavos les untaran con aceite. El aceite se raspaba después, llevándose de paso la suciedad.

El soldado romano llevaba una armadura sobre una túnica de lana.

VER TAMBIÉN: PÁGINA 50, LOS DEPORTES.

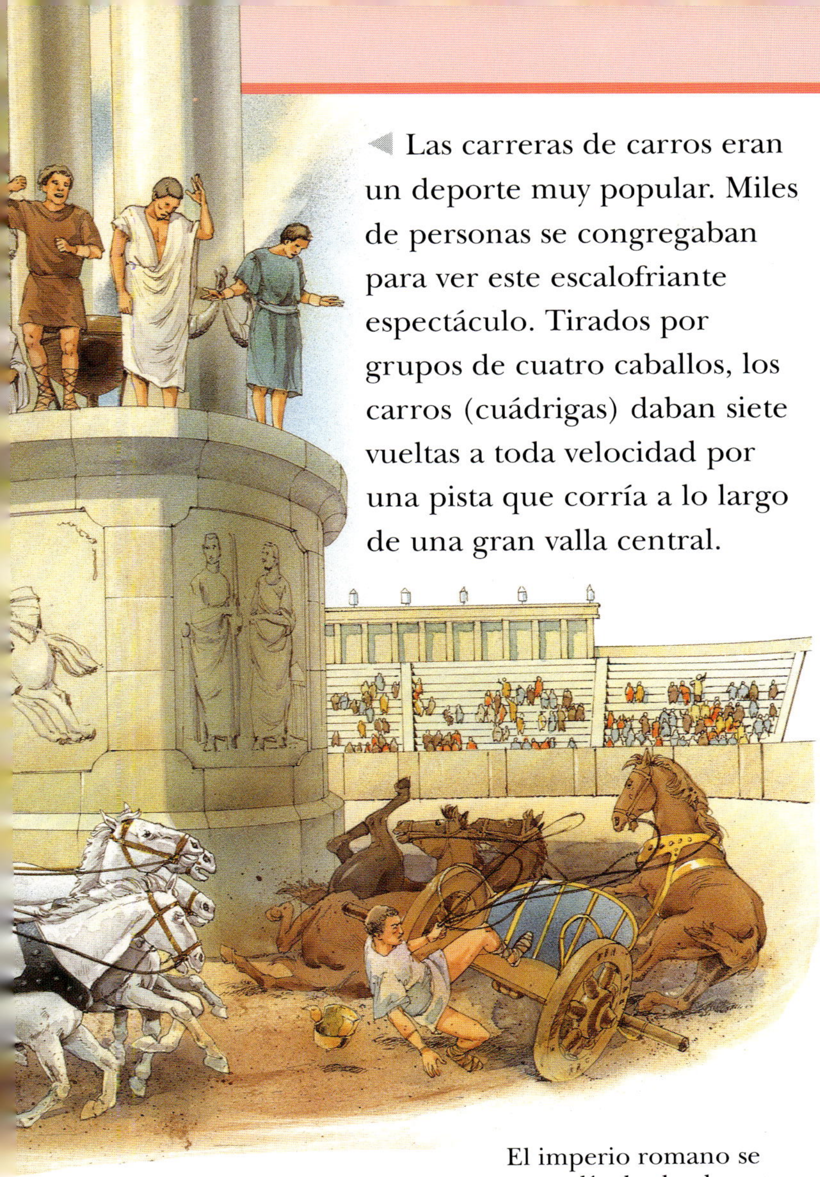

◀ Las carreras de carros eran un deporte muy popular. Miles de personas se congregaban para ver este escalofriante espectáculo. Tirados por grupos de cuatro caballos, los carros (cuádrigas) daban siete vueltas a toda velocidad por una pista que corría a lo largo de una gran valla central.

EL INTERIOR DE UNA DOMUS

UN ROMANO RICO que viviera en la ciudad tenía una gran casa, llamada *domus.* A la gente romana le gustaba la intimidad, así que había muy pocas ventanas hacia el exterior de la casa. En cambio, había un gran recibidor o atrio, que tenía un tragaluz para dar a las habitaciones luz y aire. Había un estanque bajo el tragaluz (el *pluvium),* que recogía la lluvia.

La gente rica disfrutaba de una vida de lujo. Pasaban mucho tiempo en el comedor, tendidos en el triclinio, mientras los esclavos llenaban las mesas con una excelente selección de alimentos exóticos.

◀ El ejército romano se dividía en legiones, con unos 5.000 hombres o legionarios en cada una. El imperio romano era muy extenso, por lo que el legionario pasaba gran parte de su tiempo marchando de un punto a otro. Tenía que transportar su armadura, el escudo, la jabalina, la espada y las herramientas, así como las provisiones.

El imperio romano se extendía desde el norte de la Gran Bretaña hasta Oriente Medio. Sus 60 millones de habitantes vestían ropas romanas y hablaban latín, la lengua de los romanos.

▶ El imperio romano alcanzó su plenitud en el siglo II a.C. Un imperio tan enorme era difícil de gobernar. Hubo rebeliones y amenazas de invasión procedentes de más allá de sus fronteras.

LA ANTIGUA CHINA

HACE 8.000 AÑOS que la gente empezó a cultivar las ricas y fértiles tierras que bordean el río Amarillo, al norte de China. Posteriormente, el territorio se convirtió en un reino bajo el gobierno de la dinastía Shang. Su gobierno fue derribado y China se transformó en un territorio de reinos enfrentados hasta el 221 a.C., en que se unificó como un imperio gobernado por la dinastía Qin (pronunciado Chin).

El primer emperador, Shi Huangdi, mandó construir carreteras y canales y todos tuvieron que usar la misma escritura, monedas, pesos y medidas. En el 202 a.C. llegó al poder la dinastía Han, que gobernó China durante 400 años. Fue una época de riqueza, comercio e inventos.

Muchas de las estatuas se rompieron al descubrirlas y sus colores casi se habían borrado. Cada uno de los soldados de arcilla tiene una cara diferente, probablemente porque las estatuas se modelaron sobre personas reales.

◄ Cuando murió el emperador Shi Huangdi fue enterrado en una tumba llena de tesoros. En 1974, unos agricultores que perforaban un pozo descubrieron unas cabezas de tamaño natural hechas de arcilla. Desde entonces, los científicos han puesto al descubierto varios fosos que contenían unos 8.000 soldados, carros y caballos de arcilla. Está claro que Shi Huangdi quería que un ejército le defendiera en cualquier momento, incluso en su tumba. Los soldados tienen armas de bronce, como espadas, lanzas y flechas, algunas de las cuales permanecen afiladas después de 2.000 años.

VER TAMBIÉN: PÁGINA 6, EL HOMBRE PRIMITIVO; PÁGINA 18, LOS GRANDES IMPERIOS.

◀ El pueblo Shang descubrió cómo fabricar herramientas y armas fuertes, a partir de un metal llamado bronce, una mezcla de cobre y de estaño. Con sus nuevas armas, los gobernantes Shang llegaron a dominar los campos de batalla. Les gustaba ir a la caza de elefantes, rinocerontes y tigres. El rey y sus ayudantes disparaban flechas a su presa desde un carro.

GRANDES INVENTOS

Las carretillas chinas necesitaban mucho menos esfuerzo para empujarlas que las máquinas occidentales de su tiempo.

MUCHAS DE LAS COSAS que utilizamos hoy fueron inventadas por los chinos. El papel moneda, la imprenta, la cometa, la carretilla y la sombrilla son todos inventos chinos. Los sistemas de plantación de cultivos y de arar los campos también proceden de China, así como los cohetes y los relojes mecánicos, la brújula magnética, los puentes colgantes y un ingenioso dispositivo para registrar los movimientos sísmicos, llamado sismógrafo (*debajo*). Algunos de estos inventos llegaron a Europa a través de los relatos de los viajeros. Hubo algunos europeos que tuvieron las mismas ideas por sí mismos, pero cientos de años más tarde.

Cuando este sismógrafo es sacudido por un terremoto, uno de los dragones suelta una bola que cae dentro de la boca del sapo de debajo. Esto indica la dirección del movimiento sísmico.

Para construir la muralla de China hubo miles de personas que trabajaban en condiciones terribles. Tenían que traer las provisiones para comer y las piedras para la construcción desde muchos kilómetros de distancia.

◀▶ Los emperadores de China construyeron, a través de los siglos, una enorme muralla que cruzaba el norte del país para detener a los invasores. Hoy, la Gran Muralla de China tiene 6.000 km de larga. Es lo más largo que ha hecho el género humano.

Los mercaderes chinos transportaban sus sedas a lomos de camellos durante miles de kilómetros para trocarlas por oro y por caballos. La ruta que hacían atravesaba el Asia Central y ha llegado a conocerse como la Ruta de la Seda.

LA AMÉRICA PRECOLOMBINA

MILES DE AÑOS antes de que llegaran los primeros colonizadores europeos, ya vivía gente en América. En las tierras de bosques del este de Norteamérica, cultivaban la tierra y construían enormes túmulos mortuorios de tierra. En el oeste, la gente seguía a las manadas de búfalos por las llanuras, mientras que los esquimales vivían en el norte helado. En los desiertos del suroeste, el pueblo anasazi (que significa antiguas gentes en navajo) construía sus casas con piedras y adobes.

Mientras tanto, florecían grandes imperios en América Central y en Sudamérica. Sus habitantes construían ciudades con magníficos templos y palacios de piedra. Usaban metales como el oro, la plata y el cobre para hacer herramientas, armas, joyas y adornos. Las carreteras, puentes y canales permitían a la gente viajar y comerciar con sus mercaderías.

▶ Los pueblos de las llanuras de Norteamérica cazaban el búfalo, que vagaba en grandes manadas por las praderas. La carne les servía para alimentarse, mientras que las pieles se convertían en ropa. Las mujeres limpiaban y curtían las pieles de los búfalos, frotándolas con engrudo para suavizarlas. Los jefes guerreros lucían espectaculares tocados de plumas y cuernos de búfalo.

◀ Hace unos 500 años, los incas regían un imperio en la cordillera de los Andes que se extiende a lo largo de Sudamérica. Construyeron una red de carreteras a través de las montañas del imperio. Hacían puentes con bejucos entrelazados para cruzar profundos barrancos. Los mensajeros y los rebaños iban caminando por las carreteras; pero los personajes importantes eran transportados en literas.

Los incas fueron grandes artesanos. Cortaban y tallaban las piedras en forma de bloques hasta que encajaban. Muchos de sus edificios, muros y carreteras siguen en pie.

La gente de las llanuras vivía en tiendas llamadas tipis, hechas con palos largos de madera cubiertos con pieles de búfalo. Usaban respaldos de madera para apoyarse mientras estaban sentados y dormían en el suelo, debajo de las pieles. Una tipi caldeada solía ser un buen sitio para contar historias.

LOS MAYAS

LOS MAYAS construyeron ciudades, templos y palacios de piedra en las selvas de América Central. Inventaron diversos sistemas para contar y usaron la pictografía o escritura por medio de dibujos para registrar los acontecimientos importantes. Estudiaron los movimientos del sol, la luna y los planetas e inventaron un calendario.

Los mayas practicaban un juego de pelota. Había dos equipos que tenían que meter una pelota a través de un anillo situado en la pared, usando sólo los antebrazos, las caderas o las rodillas. A los perdedores se les condenaba a muerte.

Los Caballeros Jaguar aztecas se vestían con pieles de animales y un casco de madera tallado en forma de cabeza de jaguar. Llevaban un *macahuitl,* que era una porra de madera con afiladas cuchillas de piedra en los bordes.

◀ Los aztecas vivieron en México aproximadamente entre 1300 y 1500. Tenían un fuerte ejército y guerreaban casi continuamente contra los demás pueblos.

▶ La pirámide del Sol, en Teotihuacán, México, se construyó sobre una caverna, donde se decía que había nacido el sol. Esta gigantesca pirámide todavía sigue en pie en la actualidad, aunque ha sido reconstruida.

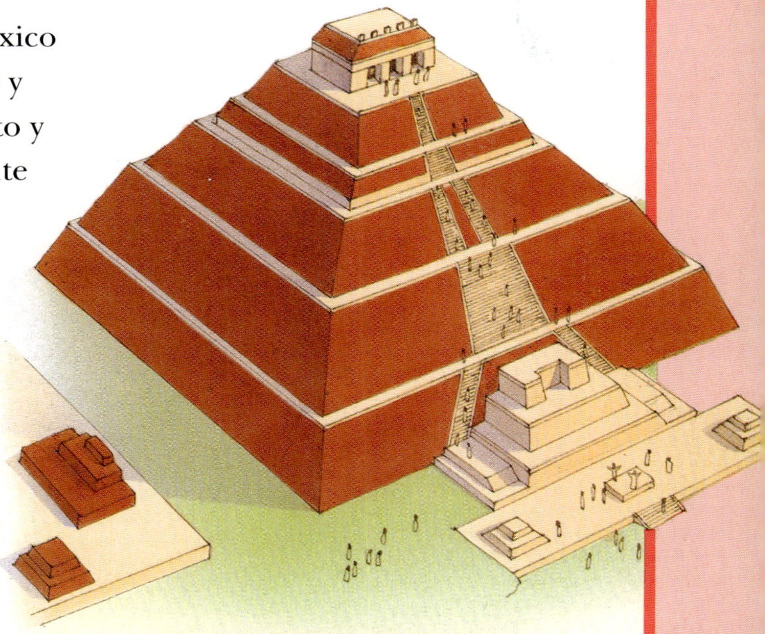

GRANDES IMPERIOS

UN IMPERIO es una región de la Tierra que abarca muchas tierras y pueblos bajo el gobierno de una sola nación o una sola persona. El idioma, las costumbres y la religión de esos gobernantes suelen ser adoptados en todos los territorios del imperio.

Los imperios necesitan mucha organización. El imperio persa, que se extendía en la antigüedad desde Egipto hasta la India, se dividía en provincias, cada una con su propio gobernador o sátrapa. Los imperios tan extensos eran frecuentemente atacados por los pueblos de alrededor. En el 330 a.C., Alejandro Magno invadió a los persas y sus territorios pasaron a formar parte de su vasto imperio.

Los mongoles eran expertos jinetes y arqueros. Solían sorprender a sus enemigos con la rapidez de sus feroces ataques. Cualquier ciudad que tratase de defenderse era quemada y arrasada. Los jinetes mongoles lanzaban flechas contra sus enemigos mientras iban a galope tendido.

Este noble mongol se cubría con una pesada armadura de cuero y llevaba una espada.

Había grandes ciudades, como Bagdad, que eran centros de mercado para productos como el incienso (resinas de árboles de buen olor), el oro, el marfil, vasijas de cerámica, bandejas, alfombras y joyas.

◄ El imperio árabe se formó durante los siglos VII y VIII d.C., impulsado por Mahoma, fundador de la religión islámica. Los árabes conquistaron vastos territorios. En su cenit, el imperio se extendía desde España hasta la India, pasando por el norte de África y a través de Asia. A bordo de sus barcos, conocidos como bajeles, los árabes comerciaban con mercancías en las orillas del Mediterráneo y entre África y Asia. Los sabios árabes lograron grandes avances en la astronomía, las matemáticas y la medicina.

◄ Los mongoles eran tribus nómadas (errantes), que vivían en el nordeste de Asia. En 1206 se unieron bajo un jefe llamado Gengis Khan (el que manda sobre todos). A través de los años conquistaron gran parte de Asia y llegaron hasta la Europa oriental. El imperio mongol abarcó el mayor número de territorios jamás conocido en el mundo.

Un arquero mongol

◄ Los samuráis —más poderosos incluso que el emperador y sus ministros (los shogun)— dominaron el Japón desde el siglo XII hasta el XVIII. Eran ricos terratenientes que tenían sus propios ejércitos privados. Los más poderosos vivían en magníficos castillos.

Los guerreros samuráis se cubrían con una armadura de hierro y cuero.

► El imperio mogol duró en la India desde 1504 hasta 1858. Cuando murió —en 1631— la amada esposa del emperador Shah Jahan, éste prometió construir para ella la tumba más hermosa del mundo. El Taj Mahal está hecho de mármol blanco, tachonado de millares de gemas.

LOS IMPERIOS AFRICANOS

LOS PUEBLOS de África trabajaron las minas de oro y de otros metales durante cientos de años y comerciaron con China y Arabia. Muchos, como los imperios del oeste africano de Ghana y Mali, y el imperio sudafricano de Zimbabwe, fueron ricos y poderosos. El recinto amurallado del Gran Zimbabwe (*arriba*) era un importante centro comercial construido en un territorio de agricultores y ganaderos. El gobernante y sus seguidores vivían en casas redondas con techo de bálago, protegidas por altas paredes. En algunos lugares, las paredes tenían varios metros de grosor. Estaban muy bien hechas, con bloques de piedras tallados para que encajaran exactamente entre sí.

VER TAMBIÉN: PÁGINA 14, LA ANTIGUA CHINA; PÁGINA 16, LA AMÉRICA PRECOLOMBINA.

LA EDAD MEDIA

LLAMAMOS EDAD MEDIA al período de la historia de Europa comprendido entre los años 500 y 1500 después de Cristo. Europa, durante esos años, se convirtió en un mosaico de reinos que, a menudo, luchaban entre sí.

Caballeros y nobles hacían guerras para su rey. A cambio de ello, recibían tierras. Con mucha frecuencia llegaban a ser más poderosos que el propio rey. Dejaban que los campesinos vivieran y trabajaran en sus tierras y les hacían pagar impuestos. A esto se le conocía como sistema feudal.

Las familias de los nobles vivían una vida cómoda. Los muchachos se adiestraban para ser caballeros, mientras que las muchachas aprendían a leer, a tocar instrumentos musicales y a bordar con primor. Pero la vida de las familias pobres solía ser muy dura.

Muchas casas de la ciudad se construían con un armazón de madera, que se rellenaba con paredes o ladrillos cogidos con yeso.

◄ Una o dos veces por semana se celebraba el mercado en la ciudad. Los campesinos de la zona llevaban sus productos para vendérselos a la gente de la ciudad. Los mercaderes que viajaban vendían ropas elegantes a quienes podían adquirirlas. Los juglares divertían a la gente con sus ingeniosos trucos.

► Los caballeros participaban en torneos para practicar su destreza con las armas o para decidir quién debía ganar en una disputa. En las excitantes competiciones conocidas como justas, dos caballeros cabalgaban a toda velocidad el uno contra el otro, tratando cada uno de ellos de derribar de su caballo al oponente con la lanza.

Se solía construir una ciudad dentro de las murallas de un castillo. Las almenas, remates dentados de las murallas, protegían a los centinelas.

◄ El castillo de un noble se construía para defenderle de sus enemigos. Era fuerte y sólido, con las paredes de piedra y un foso lleno de agua. Los soldados montaban la guardia en lo alto de las murallas, oteando el peligro. Los enemigos, a veces, ponían sitio al castillo: lo rodeaban y esperaban a que la gente de dentro se rindiera por hambre. Aquí, están atacando el castillo con un ejército de hombres y con potentes armas. Los soldados del castillo lanzan flechas con sus ballestas contra el enemigo de debajo.

El enemigo rellenaba el foso con paja, para poder lanzar directamente sus arietes contra las puertas del castillo. Usaban grandes catapultas para abrir agujeros en los muros o una torre alta de madera para escalar las murallas.

LA VIDA EN EL CAMPO

LOS NOBLES dividían en feudos las tierras que el rey les había concedido. Éstos constaban de tres grandes campos: uno para el trigo, otro para la cebada y el tercero, que se dejaba sin sembrar (en barbecho), para que la tierra recuperara la fertilidad. A su vez, los campos se dividían en lotes. Los campesinos trabajaban sus lotes y vivían en los poblados que iban surgiendo en torno a la casa solariega. Cultivaban o fabricaban todo lo que necesitaban para vivir. Los animales tiraban del arado y les daban alimento y ropa. En la época de la recolección, se recogían las cosechas y se molía el grano, usando los molinos de viento, para hacer harina.

► Entre 1347 y 1349 hubo una terrible epidemia que asoló Europa y Asia, matando a millones de personas. Conocida como la muerte negra, la peste bubónica fue propagada por las ratas y por las pulgas que vivían en ellas. Por entonces nadie conocía las causas de la plaga ni sabía cómo curarla. Desaparecieron poblados enteros porque cada vez moría más gente. Las carretas iban por todas partes recogiendo los cadáveres.

VER TAMBIÉN: PÁGINA 12, LOS ROMANOS; PÁGINA 18, GRANDES IMPERIOS; PÁGINA 38, AGRICULTURA.

EXPLORADORES

HOY DÍA tenemos un conocimiento detallado de nuestro mundo. Los satélites toman fotografías de la Tierra desde el espacio. Coches, trenes, barcos y aviones llevan a la gente a casi todos los lugares del mundo. Pero, hace unos pocos cientos de años, había muy poca gente que viajase, ya que los únicos medios de transporte disponibles eran los barcos de vela, las bestias de carga y los propios pies. A los que arriesgaron su vida para descubrir otras tierras se les recuerda hoy como exploradores famosos.

Los primitivos exploradores no contaban con mapas que les guiaran y muchas tierras se descubrieron por casualidad. Hace más de 500 años, Cristóbal Colón zarpó de España y llegó a América. Sin embargo, él creía que había circunnavegado el mundo entero ¡hasta el Lejano Oriente!

Las naves de Magallanes tuvieron que luchar contra terribles tempestades en las costas de Sudamérica, encontrando finalmente un paso directo hacia el Océano Pacífico, que ahora se llama estrecho de Magallanes.

◄ En 1519, Fernando de Magallanes zarpó de España con cinco naves. Su objetivo era llegar a las Islas de las Especias, en el Lejano Oriente, viajando hacia el oeste bordeando Sudamérica. Tardó más de dos años en llegar. El propio Magallanes fue muerto por los nativos de las islas Filipinas. Solamente una de las naves, la *Victoria*, regresó a España 1.082 días después de haber zarpado de ella. De una tripulación de más de 200 hombres, regresaron sólo 18. Pero éstos habían hecho el primer viaje alrededor del mundo.

VER TAMBIÉN: PÁGINA 52, LOS BARCOS.

Los vikingos hicieron muchas expediciones marítimas desde su tierra natal de Escandinavia. Erik el Rojo, alrededor del año 1000, llegó a una gran isla a la que llamó Groenlandia. Hubo colonizadores vikingos que vivieron en este desolado y duro paisaje, apacentando a sus animales, pescando peces y cazando focas.

En 1271, cuando tenía 17 años, Marco Polo salió de su casa en Venecia, Italia, con su padre y su tío. Viajaron, a través de Asia, hasta el palacio del emperador mongol Kublai Khan, en China. Cuando más tarde se contaron en un libro las asombrosas historias de Marco Polo... ¡casi nadie se las creyó!

LOS EXPLORADORES POLARES

LA PRIMERA PERSONA que llegó al Polo Norte fue un norteamericano, Robert Peary. Ya había hecho siete expediciones al Ártico y había perdido, por congelación, casi todos los dedos de los pies. Anotó en su diario que había llegado al Polo Norte en abril de 1909.

La primera persona en llegar al Polo Sur fue el noruego Roald Amundsen *(arriba)*, en 1911. Estaba compitiendo contra un equipo británico rival, capitaneado por Robert Scott. Para tirar de sus trineos, Amundsen utilizó perros siberianos (husky). Cuando llegó Scott al Polo Sur se encontró con que Amundsen ya se le había adelantado. De regreso, el equipo de Scott murió en una ventisca.

A principios de la década de 1820, en Francia se ofrecía un premio a la primera persona que viajara hasta Tombuctú, en África, y volviera sano y salvo. René Caillié aceptó el desafío. Llegó a la ciudad después de un viaje de más de 2.400 kilómetros, la mayor parte de ellos hechos a pie.

El capitán James Cook, un marino británico, salió en 1772 en busca del fabuloso continente del Sur. Aunque no lo encontró, Cook exploró y trazó un mapa de las costas orientales de Australia y de las islas del Océano Pacífico.

El barco de Cook, el *Endeavour*, transportaba grandes cantidades de carne y verduras frescas. Estos alimentos mantuvieron sanos a los tripulantes.

Reino Unido

Irlanda

Islandia

Noruega

Suecia

Finlandia

Dinamarca

Polonia

EUROPA

EUROPA, aproximadamente de la misma dimensión que los EE.UU., forma parte de la misma masa de tierra que Asia. Los dos continentes están separados por las Montañas del Cáucaso y los Urales. Excepto el norte glacial y las regiones montañosas, casi todo el territorio está ocupado por tierras de cultivo y por ciudades. Europa es la cuna de muchos pueblos diferentes, cada uno con su propio idioma y costumbres. Salvo Rusia, la mayoría de los países europeos son de poca extensión. Algunos, como la Ciudad del Vaticano (la más pequeña), Mónaco y Liechtenstein sólo tienen unos pocos kilómetros de diámetro.

Área: 9.700.000 km cuadrados
Población: 695.000.000 habitantes
Punto más alto: Elbrus (5.664 m)
Río más largo: Volga (3.668 km)
Ciudades más grandes: Moscú (13.100.000), París (9.800.000), Londres (6.500.000).

★ Capital
● Gran ciudad

LUX. LUXEMBURGO
LIECH. LIECHTENSTEIN

◄ ▲ Un poco por fuera de la costa de Normandía, al noroeste de Francia, se yergue la ciudad de Mont St. Michel sobre una antigua colina. Cuando sube la marea, queda completamente rodeada por el mar. La ciudad de Venecia, en Italia, también está sobre una isla, en una bahía costera poco profunda. En vez de calles, tiene canales. No hay coches, pero en su lugar se pueden alquilar unas embarcaciones llamadas góndolas para recorrerla.

Holanda

Bélgica

Luxemburgo

Francia

Suiza

Mónaco

Italia

Ciudad del Vaticano

San Marino

Malta

Andorra

Portugal

España

Liechtenstein

Hungría

La catedral de San Basilio está cerca de las murallas del Kremlin, una especie de fortaleza en el centro de Moscú, Rusia.

Alemania

Austria

República Checa

Eslovaquia

Rusia

Estonia

Letonia

Lituania

Bielorrusia

Ucrania

Moldavia

Rumanía

Yugoslavia

Bosnia Herzegovina

Bulgaria

Albania

Grecia

Eslovenia

Croacia

Macedonia

Chipre

Turkmenistán

Tajikistán

Kirguistán

Mongolia

China

Corea del Norte

Corea del Sur

Japón

ASIA

ASIA es el continente más grande de todos. Se extiende desde las costas árticas del norte de Siberia hasta las islas cubiertas de selvas tropicales de Indonesia y desde el mar Mediterráneo hasta el océano Pacífico. Tanto las montañas más altas del mundo, los Himalayas, comó los puntos más bajos de la tierra, las orillas del mar Muerto, están en Asia. China y la India tienen las mayores poblaciones del mundo: juntas reúnen un tercio de toda la población mundial.

Esta niña japonesa viste el kimono tradicional en el festival infantil, conocido como *schichi-go-san* (siete-cinco-tres)

Área: 44.000.000 km cuadrados
Población: 3.338.000.000 habitantes
Punto más alto: Monte Everest (8.863 m
Río más largo: Yangtse Kiang o Río Amarillo (6.300 km)
Ciudades más grandes: Tokio (27.000.000), Osaka (16.450.000), Seúl (15.900.000), Calcuta (11.100.000), Yakarta (10.000.000)

Este chico de Bangladesh se protege de la lluvia con un paraguas hecho de paja. Todos los años, y en la misma época, hay unas lluvias torrenciales, llamadas el monzón, que bañan el sur de Asia, trayendo un agua muy necesaria después de la estación seca. Sin embargo, a veces los ríos se desbordan y causan grandes catástrofes.

Este edificio, alto y elegantemente decorado, lleva muchos cientos de años construido en la ciudad de Sanáa, en el Yemen.

Ucbekistán

Cazajistán

Rusia

Armenia

Georgia

Acerbayan

Turquía

Siria

Líbano

Emiratos Árabes Unidos

Israel

Jordania

Yemen

Arabia Saudí

Omán

Qatar

Bahrein

Kuwait

Taiwan
Filipinas
Indonesia
Malasia
Singapur
Vietnam
Camboya
Laos
Tailandia
Birmania (Myanmar)
Bangladesh
Bután
Nepal
India
Sri Lanka (Ceilán)
Maldivas
Iraq
Irán
Afganistán
Paquistán
★ Capital
● Gran ciudad
OCÉANO GLACIAL ÁRTICO
MAR DE BERING
Nueva Zembla
Península de Kamchatka
Río Lena
Río Yenisey
Siberia
Isla de Sajalín
Montes Urales
Río Obi
Río Irtish
RUSIA
Novosibirsk
Irkutsk
Lago Baikal
Río Amur
Vladivostok
KAZAKISTÁN
Ulan Bator
JAPÓN
Tokio
Mar de Aral
Lago Baljash
MONGOLIA
COREA DEL NORTE
Piongyang
Seúl
COREA DEL SUR
Osaka
UZBEKISTÁN
TURKMENISTÁN
Tashkent
Alma Ata
Biskekh
KIRGUISTÁN
Asjabad
TAJIKISTÁN
Dushanbe
Desierto de Gobi
Pekín
Río Huang
CHINA
Shanghai
Kabul
AFGANISTÁN
Islamabad
Wuhan
Río Yangtsé
OCÉANO PACÍFICO
Tibet
Lahore
Chungking
Taipeh
TAIWAN
PAKISTÁN
Río Indo
Nueva Delhi
Katmandú
BUTÁN
Karachi
Hong-Kong
Río Ganges
BANGLADESH
Calcuta
Dakka
BIRMANIA
Hanoi
INDIA
LAOS
Vientiane
MAR DE LA CHINA
Manila
Bombay
FILIPINAS
TAILANDIA
Rangún
Bangkok
CAMBOYA
VIETNAM
MAR DE ARABIA
Madrás
Islas Andaman (India)
Phnom Penh
Ciudad Ho Chi Minh
SRI LANKA (CEILÁN)
BRUNEI
Colombo
MALDIVAS
MALASIA
Kuala Lumpur
Borneo
Célebes
OCÉANO ÍNDICO
SINGAPUR
Sumatra
INDONESIA
Timor
Yakarta
Java

Kiribati

Islas Salomón

Vanuatu

Nauru

Papúa-Nueva Guinea

Australia

OCEANÍA

LAS ISLAS del sur del Océano Pacífico, junto con Australia, Nueva Zelanda y Papúa Nueva Guinea, forman Oceanía. Australia se compone, sobre todo, de praderas o desiertos. La mayor parte de su población vive en las ciudades costeras. Nueva Zelanda es un territorio montañoso con pastos verdes.

Los aborígenes llevan viviendo en Australia desde hace, por lo menos, 50.000 años.

Área: 8.923.000 km cuadrados
Población: 26.700.000 habitantes
Punto más elevado: Monte Cook (3.764 m)
Río más largo: Murray-Darling (3.750 km)
Ciudades importantes: Sydney (3.600.000) Melbourne (3.000.000)

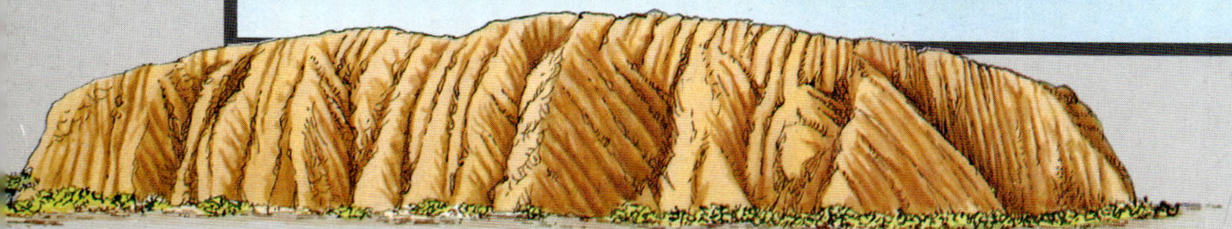
Bordeando el desierto, el Uluru o Ayers Rock, es un lugar sagrado para los aborígenes nativos de Australia.

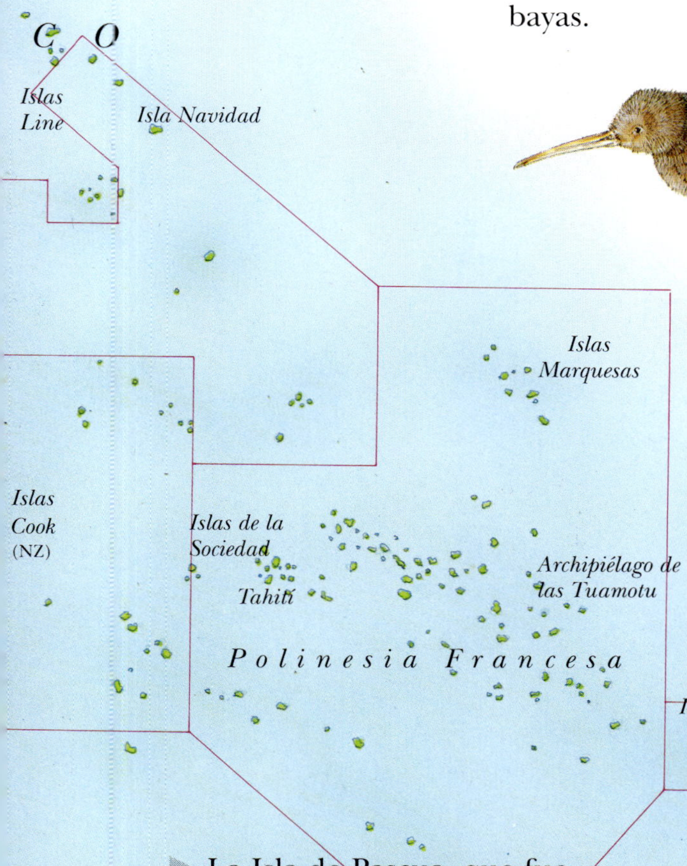

En Oceanía viven algunos animales muy extraños. Entre ellos, los mamíferos marsupiales de Australia y varias clases de aves que no pueden volar. El kiwi de Nueva Zelanda es un pájaro que no vuela. Sale por la noche en busca de insectos, granos y bayas.

Nueva Zelanda tiene muchos volcanes. También es famosa por sus geiseres. Son chorros de agua, calentada en las profundidades del subsuelo por rocas fundidas, que son lanzados hacia arriba a intervalos regulares. En sus proximidades se suelen encontrar manantiales de agua caliente y charcas de barro hirviendo, que se forman al disolverse las rocas en el agua caliente.

La Isla de Pascua, que fue descubierta por los europeos en 1722, está a miles de kilómetros de cualquier otra isla habitada. Tiene unas 600 de estas enormes estatuas repartidas por la isla. Muchas tienen unos cuatro metros de altura, pero hay algunas que son mucho más grandes. Las estatuas podrían ser de antiguos reyes de la isla.

Estados Unidos de América

Guatemala

México

Belice

Honduras

El Salvador

Nicaragua

Costa Rica

Panamá

Trinidad-Tobago

Granada

AMÉRICA DEL NORTE

AMÉRICA DEL NORTE comprende algunos de los países más grandes del mundo, Canadá, los Estados Unidos y México, así como otros de los más pequeños: las islas del mar Caribe.

Las costas del norte del Canadá, Alaska y Groenlandia son territorios polares helados, mientras que el clima de los países que bordean el Golfo de México y el Caribe es cálido durante todo el año. Desde Alaska hasta Panamá corre una cadena de montañas. Gran parte del norte del Canadá esta cubierta de bosques, mientras que, al este de las Montañas Rocosas, las tierras de labranza predominan en la mayor parte de los EE.UU.

▲ Los inuit o esquimales son uno de los numerosos pueblos que viven en las costas Árticas o en la tundra. Muchos esquimales viven ahora en casas modernas y viajan en motos de nieve o en helicóptero. Algunos siguen viviendo al modo tradicional, cazando morsas, focas y ballenas.

► Este tótem de palo fue hecho por el pueblo haida, de la costa oeste del Canadá. Las tallas de personas o animales aparecen unas encima de otras.

◄ Muchas ciudades de los EE.UU. son famosas por sus rascacielos. Nueva York se desarrolló en la pequeña isla de Manhattan. Creció rápidamente, pero la única dirección en que podía crecer... ¡era hacia arriba! Los rascacielos más altos de Nueva York son las torres gemelas del World Trade Center.

Este indio nativo de México usa redes de tipo cazamariposas para pescar, sumergiéndolas en el lago para atrapar a los peces.

Groenlandia
Canadá
Bahamas
Jamaica
Cuba
Haití
República Dominicana
St. Kitts y Nevis
Antigua y Barbuda
Dominica
San Vicente y Granada
Barbados
Santa Lucía
ASIA
AMÉRICA DEL SUR
★ Capital
● Gran ciudad
OCÉANO GLACIAL ÁRTICO
Isla Ellesmere
GROENLANDIA
(Dinamarca)
BAHÍA DE BAFFIN
Isla de Banks
Isla Victoria
Isla de Baffin
ALASKA
(EE.UU.)
YUKON
Río Mackenzie
Gran Lago del Oso
TERRITORIOS DEL NOROESTE
Gran Lago del Esclavo
C A N A D Á
BAHÍA DE HUDSON
OCÉANO ATLÁNTICO
COLUMBIA BRITÁNICA
ALBERTA
MANITOBA
SASKATUN
Lago Winnipeg
ONTARIO
QUEBEC
TERRANOVA
Terranova
Río San Lorenzo
ISLA DEL PRÍNCIPE EDUARDO
NUEVA BRUNSWICK
NUEVA ESCOCIA
Vancouver
Calgary
Seattle
WASHINGTON
Winnipeg
Lago Superior
Montreal
Ottawa
MAINE
VT. VERMONT
N.H. NEW HAMPSHIRE
CONN. CONNECTICUT
R.I. RHODE ISLAND
PENN. PENNSYLVANIA
MD. MARYLAND
MONTANA
DAKOTA DEL NORTE
MINNESOTA
OREGÓN
IDAHO
DAKOTA DEL SUR
R. Missouri
WISCONSIN
MICHIGAN
Lago Hurón
Toronto
Lago Ontario
NUEVA YORK
MASS
Boston
CONN.
R.I.
Lago Michigan
Lago Erie
Detroit
IOWA
Chicago
Nueva York
NUEVA JERSEY
NEVADA
ESTADOS UNIDOS DE AMÉRICA
NEBRASKA
UTAH
R. Colorado
Denver
ILLINOIS
INDIANA
OHIO
MD
DELAWARE
Washington
San Francisco
CALIFORNIA
COLORADO
KANSAS
MISURI
St Luis
R. Ohio
VIRGINIA
VIRGINIA
KENTUCKY
Los Ángeles
Gran Cañón
ARIZONA
NUEVO MÉXICO
OKLAHOMA
TENNESSEE
CAROLINA DEL NORTE
ARKANSAS
R. Misisipí
CAROLINA DEL SUR
ALABAMA
Atlanta
MISISIPÍ
GEORGIA
TEXAS
LUISIANA
Houston
Nueva Orleans
FLORIDA
Miami
BAHAMAS
Baja California
R. Grande
GOLFO DE MÉXICO
MÉXICO
La Habana
CUBA
HAITÍ
REPÚBLICA DOMINICANA
PUERTO RICO
(EE.UU.)
Santo Domingo
Puerto Príncipe
ANTIGUA Y BARBUDA
Guadalupe (Francia)
DOMINICA
Martinica (Francia)
SANTA LUCÍA
SAN VICENTE
GRANADA
BARBADOS
TRINIDAD Y TOBAGO
OCÉANO PACÍFICO
Guadalajara
Ciudad de México
Península del Yucatán
JAMAICA
Kingston
BELICE
Belmopan
MAR CARIBE
GUATEMALA
HONDURAS
Tegucigalpa
NICARAGUA
EL SALVADOR
San Salvador
Managua
COSTA RICA
San José
Panamá
PANAMÁ
Área: 24.250.000 km²
Población: 438.200.000 habitantes
Punto más alto: Monte McKinley (6.194 m)
Río más largo: Misisipí-Missouri (5.970 km)
Ciudades más grandes: Nueva York (18.100.000)
Ciudad de México (16.000.000)
Los Ángeles: (14.500.000)

Ecuador

Colombia

Venezuela

Perú

Bolivia

AMÉRICA DEL SUR

AMÉRICA DEL SUR está unida a Norteamérica por una estrecha franja de tierra, llamada el istmo de Panamá. La punta del sur, llamada Cabo de Hornos está exactamente a 800 kilómetros del continente glacial de la Antártida. La parte oeste de Sudamérica está recorrida por la cordillera de los Andes. Hay muchos ríos que van desde el este hasta el Océano Atlántico. Las abundantes aguas del Amazonas serpentean a través de una extensa selva tropical.

Muchos sudamericanos descienden de los indios nativos y de los colonizadores españoles y de otros países europeos y africanos.

Islas Galápagos (Ecuador)

▲ En las Islas Galápagos viven animales poco corrientes, entre ellos las tortugas gigantes y estas iguanas marinas.

► La cordillera de los Andes es el hogar de los indios de lengua quechua. Muchos viven todavía como en los tiempos de los incas. Llevan unos sombreros típicos y los campesinos pastorean llamas y alpacas en los pastizales de las altas mesetas.

◄ Río de Janeiro quiere decir en portugués «Río de enero», el nombre que le dieron los exploradores al llegar a su magnífica bahía hace 400 años. Creyeron que era la desembocadura de un río. Alrededor de la bahía se ha desarrollado una gran ciudad dominada por el Pan de Azúcar y una estatua del Corazón de Jesús. La ciudad es conocida por sus playas y sus alegres carnavales, pero también por sus favelas (chozas miserables).

Guayana

Surinam

Guayana Francesa

Área: 17.663.000 km cuadrados
Población: 310.700.000 habitantes
Punto más alto: Aconcagua (6960 m)
Ciudades más grandes:
Sao Paulo (15.175.000),
Buenos Aires (10.750.000)
Río de Janeiro (10.150.000)

▼ Este indio kayapo lleva una placa encajada en el labio inferior. Como muchos pueblos amazónicos, los kayapo han tenido que luchar para defender su selva virgen natal de la gente que pretende talar sus árboles y explotar la tierra para la agricultura y la minería.

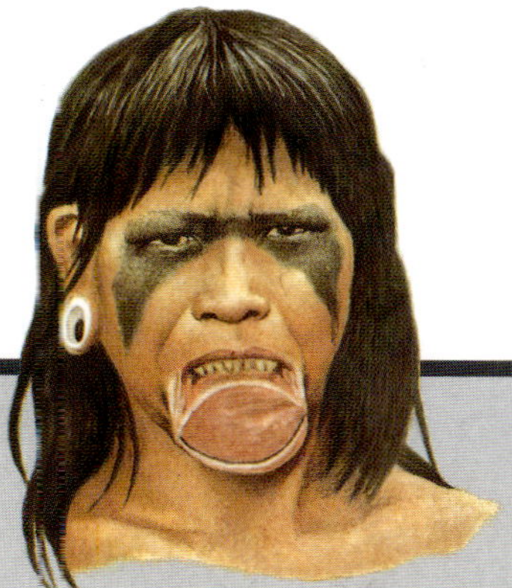

Brasil

Paraguay

Uruguay

Chile

Argentina

Islas de Cabo Verde · Sierra Leona · Guinea · Guinea Bissau · Gambia · Senegal · Mauritania · Marruecos · Malí · Burkina Fasso · Argelia

Liberia · Costa de Marfil · Ghana · Togo · Benin · República Centro-africana

ÁFRICA

LA MAYOR PARTE DE ÁFRICA tiene un clima cálido. Hay zonas en el norte y en el sur en que la tierra es desértica. Las selvas tropicales cubren las costas del Congo y amplias zonas del oeste de África. En el centro se extienden las sabanas, por donde vagan todavía animales como el león, la jirafa y el elefante.

El Nilo, el río más largo del mundo, nace en las tierras altas del África oriental, cerca del lago Victoria. Desde allí discurre hacia el norte, a través de las polvorientas llanuras del Sudán. Ha regado las fértiles tierras de Egipto durante cientos de años.

En África viven centenares de pueblos diferentes, hasta en sus desiertos y junglas. Algunos países se han hecho ricos con la minería y la agricultura, mientras que otros han sido desgarrados por la guerra.

La mayor parte de los pueblos del norte de África y muchos del oeste siguen la religión del Islam. Hace cientos de años, los mercaderes del imperio árabe comerciaban trocando la sal por oro y por esclavos del oeste de África. Los gobernantes locales adoptaron pronto la religión árabe y se hicieron también musulmanes. Esta mezquita se construyó en Malí en el siglo XIV. Está hecha de barro. A través de sus paredes sobresalen trozos de su armazón de madera.

El oeste de África tiene una tierra de cultivo muy fértil, especialmente en las proximidades de los ríos Níger y Volta. Se cultivan una serie de especias como cacahuetes, café, cacao y muchas clases distintas de frutas para venderlas en el extranjero. Los nativos compran la comida en pintorescos mercados como éste. Un nativo lleva en la cabeza un gran recipiente llamado calabaza. Éstas son las cáscaras secas y vacías de un fruto llamado también calabaza.

Nigeria · Camerún · Guinea Ecuatorial · Santo Tomé y Príncipe · Gabón · Congo Brazzaville

Congo · Zambia · Angola · Namibia · Botswana · Sudáfrica · Lesotho · Suazilandia · Zimbabwe · Mozambique · Madagascar

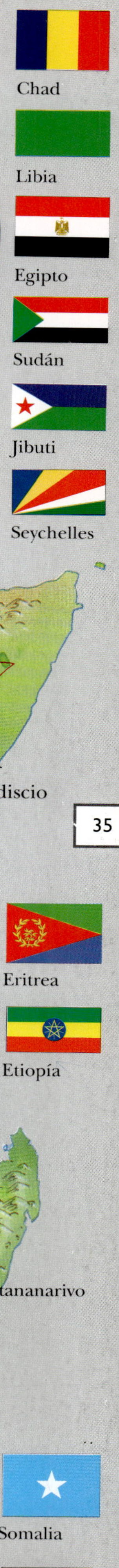

◀ El pueblo wodabí vive en los secos pastizales de Níger. Viven del pastoreo de ganado bovino y lanar. Los hombres lucen pinturas en la cara cuando bailan las danzas de cortejo.

Área: 29.800.000 km cuadrados
Población: 668.700.000 habitantes
Punto más alto: Kilimanjaro (5.894 m)
Río más largo: Nilo (6.670 km)
Ciudades más grandes: El Cairo (9.300.000)
Lagos (3.800.000)
Johannesburgo (3.650.000)

LA VIVIENDA EN EL MUNDO

LA MAYORÍA de las personas se sienten felices al tener un hogar, un espacio que les da refugio y les protege del mundo exterior. Sin embargo, no todas las viviendas son como las nuestras. Algunas personas viven en embarcaciones en el agua, otras en tiendas en el desierto. El pueblo kombai, de Indonesia, vive en ¡casas hechas en la copa de los árboles, a cincuenta metros sobre el suelo! En la provincia china de Shanxi hay gente que vive en casas subterráneas, excavadas en el suelo blando y arenoso.

Las casas se hacen adaptándolas a los lugares en que se construyen. En los países donde hay muchos terremotos, las casas tienen que ser especialmente resistentes, para que no se caigan. En los lugares donde hay muchas inundaciones, las casas se construyen sobre pilotes o estacas.

◀ Los nómadas son gentes que van de un lugar a otro. Los nómadas de Mongolia viajan con sus rebaños de yaks, ovejas y cabras. Están continuamente en movimiento y llevan sus casas con ellos. Sus casas son tiendas circulares llamadas yurt. Están hechas de un armazón de madera cubierto por gruesas colchonetas de fieltro, fabricadas con la lana de las ovejas. Una cubierta de lona las protege de la lluvia. A los mongoles les gustan tanto sus confortables yurts que hasta la gente que vive en ciudades prefiere vivir en ellos.

En Costa de Marfil, al oeste de África, hay poblados de cabañas que tienen las paredes de barro cocido y el tejado de paja.

Hong Kong es una ciudad superpoblada. Muchas personas viven en bloques de apartamentos. Otras viven en el puerto, en embarcaciones llamadas sampanes.

◄ El pueblo bayau es conocido como los cíngaros del mar, porque su gente viaja por las islas del sudeste de Asia, pescando y vendiendo pescado. Sus pequeñas embarcaciones se llaman lipas. Unos palos largos sujetos a los lados del bote le ayudan a flotar en el agua. Los bayau viven a lo largo de las costas de Filipinas, en sus propios botes o en unas casas hechas de madera y juncos que se apoyan sobre pilotes en el agua.

CIUDADES DE BARRACAS O CHABOLAS

EN LOS ARRABALES de algunas ciudades —como Río de Janeiro, en Brasil— se encuentran enormes extensiones de chabolas. Son las casas de aquellos que no pueden permitirse tener una casa en la ciudad. Suelen haber llegado del campo, en busca de trabajo y dinero. Se hacen sus viviendas con chapa ondulada, cajas de embalajes o cualquier otra cosa. Las de Río de Janeiro se llaman *favelas*. A veces, esta pobre gente tiene que hurgar en los vertederos de la ciudad, buscando restos de comida o cosas que vender para poder ganar unas monedas.

▲ Los beduinos son nómadas que viajan por el desierto de Arabia. Viven en tiendas hechas de palos de madera, cuerdas y lana tejida. En la actualidad, hay algunos beduinos que van a diario en coche desde el desierto, para trabajar en la ciudad. Sus tiendas tienen televisión y otros adelantos modernos. En cuanto al agua, en tiempos pasados los beduinos la recogían del rocío de la mañana. Ahora, les llevan el agua en camiones-cisterna.

◄▲ Los pigmeos efe del África central se mueven por la selva tropical, cazando animales y recolectando miel. De vez en cuando acampan, marcan un círculo, hincan unas ramas en la tierra, las curvan y las entretejen; después, las cubren con hojas grandes para hacer pequeñas cabañas.

VER TAMBIÉN: PÁGINA 40, EDIFICIOS Y PUENTES.

AGRICULTURA

HACE UNOS 10.000 AÑOS que se aprendió a cultivar la tierra. Antes la gente cazaba animales y recogía los frutos y las plantas silvestres. La agricultura es actualmente una industria importante que, en los países ricos, emplea máquinas modernas. En los países pobres, la mayoría de la población sigue trabajando en el campo dependiendo de sus animales y de sus escasas cosechas para sobrevivir.

Hay cuatro tipos diferentes de agricultura. Primero: se plantan ciertas clases de árboles o de arbustos y se recolectan sus frutos —como las manzanas, las aceitunas y las uvas— cuando maduran. Segundo: los agricultores pueden cultivar plantas en la tierra. A esto se le llama cultivos de cosecha o tierras de labor. Tercero: se deja pastar a los animales en terrenos cubiertos de hierba; esto es la ganadería. Por último, muchos campesinos combinan la labranza con la ganadería, transformando a veces los campos de labranza en pastizales de un año a otro.

▶ Los cultivadores modernos de cereales utilizan diferentes máquinas a lo largo del año para cultivar sus cosechas. El arado y la reja preparan la tierra. Cuando los brotes verdes empiezan a aparecer, las plantas se rocían con productos químicos para protegerlas de las plagas (algunos campesinos consideran este abono nocivo para el ambiente y prefieren no hacerlo). Para terminar, se recoge la cosecha utilizando una máquina combinada de segadora y cosechadora.

El agricultor usa un arado para remover la tierra. Hace pequeñas trincheras llamadas surcos.

Se pasa una reja por la tierra para ablandarla. Parte los terrones de tierra, dejando una tierra más fina.

Una sembradora pone las semillas en los surcos en filas bien trazadas y, al mismo tiempo, las va cubriendo.

VER TAMBIÉN: PÁGINA 6, EL HOMBRE PRIMITIVO; PÁGINA 20, LA EDAD MEDIA.

◀ El arroz es el alimento principal para millones de asiáticos. Para plantarlo y cultivarlo, los campos de arroz o arrozales deben estar anegados de agua. En las regiones montañosas, hay que excavar en las colinas unas plataformas horizontales o terrazas, para que el agua retenida no se escape. Los plantones de arroz suelen sembrarse a mano. Después de la siega, la planta se trilla, para separar el grano de la paja.

▶ Los cultivos más importantes son los de cereales: el trigo, el arroz, el maíz, la cebada, el centeno y el mijo. Estos cultivos son para mucha gente su alimento básico y su dieta principal. Algunos tubérculos, como la patata y la yuca son también básicos. El café se compone de granos, que son las semillas de un tipo de árbol pequeño.

Un tractor con un pulverizador rocia los cultivos con productos, que los protegen de enfermedades y de las plagas de insectos.

Una cosechadora combinada siega la cosecha y separa el grano de la paja, todo en una operación.

ANIMALES DE GRANJA

EL GANADO bovino, las ovejas, las cabras, los cerdos y las aves de corral, pueden encontrarse en el mundo entero, pero existen muchos tipos o razas diferentes. El cebú *(abajo)* se cría bien con la escasa hierba áspera y mala que se encuentra en las regiones cálidas de África y Asia. Da leche y carne y tira de carros y arados. Las ovejas se crían por su carne y su lana. Las cabras pastan en las zonas altas, donde la tierra es pobre. En muchos países la gente depende de las cabras, que les dan carne, leche y pieles. Los cerdos y las aves de corral se suelen criar cerca de las casas de las granjas, donde se les puede dar de comer con regularidad.

◀ Una cosechadora combinada es una gran máquina que va haciendo todos los trabajos necesarios para recoger el grano de un cultivo de cereales. Con su amplio rodillo frontal cortante, recoge y siega los tallos cuando avanza por el campo. Los tallos salen por la parte de atrás y forma con ellos haces o balas de paja, mientras que el grano lo vuelca en un remolque.

EDIFICIOS Y PUENTES

A LO LARGO de la historia, la gente ha hecho construcciones con toda clase de finalidades. Las edificaciones sencillas dan abrigo a las personas. Los grandes edificios, como los castillos, los templos y las pirámides, se construyeron para personajes poderosos o para el culto religioso.

Para construir un edificio trabaja mucha gente a la vez. Un arquitecto diseña el aspecto que tendrá el edificio, mientras que los ingenieros se ocupan de cómo hacerlo, para que el edificio sea fuerte y seguro. Después, los trabajadores siguen los minuciosos planos para construirlo.

La basílica de San Pedro

La pagoda Yakushi

◄▲ Estos dos edificios son para el culto religioso. La basílica de San Pedro, en la Ciudad del Vaticano, Roma, es la iglesia más grande del mundo. Algo más pequeña, esta pagoda budista, en el Japón, está inteligentemente construida para resistir los frecuentes terremotos.

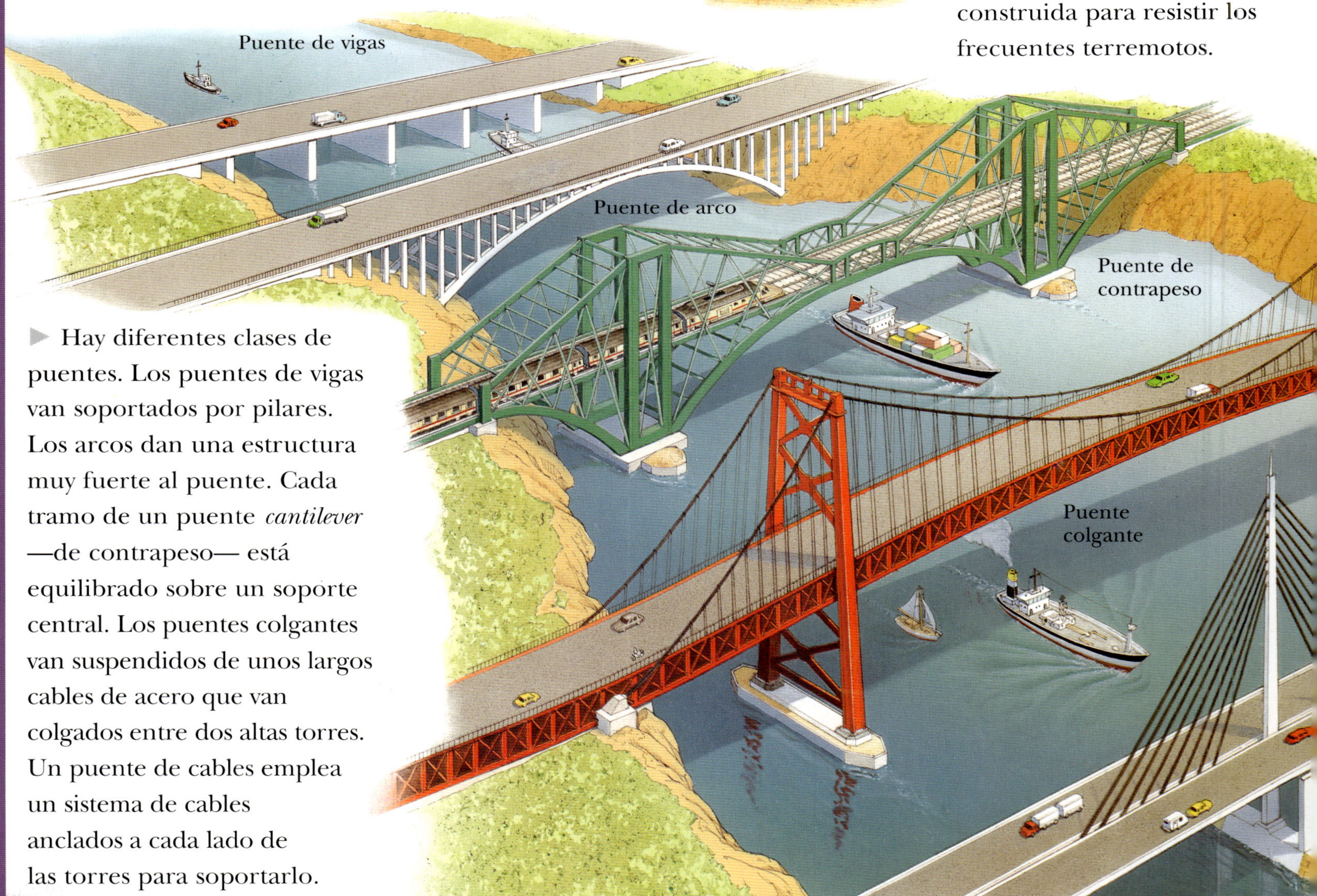

► Hay diferentes clases de puentes. Los puentes de vigas van soportados por pilares. Los arcos dan una estructura muy fuerte al puente. Cada tramo de un puente *cantilever* —de contrapeso— está equilibrado sobre un soporte central. Los puentes colgantes van suspendidos de unos largos cables de acero que van colgados entre dos altas torres. Un puente de cables emplea un sistema de cables anclados a cada lado de las torres para soportarlo.

VER TAMBIÉN: PÁGINAS 4-23, EL MUNDO ANTIGUO; PÁGINA 36, LA VIVIENDA EN EL MUNDO.

La Torre Eiffel

◀▼ Estas dos estructuras son famosas por la forma en que se construyeron. La Torre Eiffel de París, construida en 1889, tiene 300 metros de altura. Se hizo con hierros ensamblados con dos millones y medio de remaches (pasadores metálicos). El Estadio Olímpico de Múnich (Alemania) tiene forma de carpa, con un tejado hecho de paneles de cristal, soportado por postes y cables de acero. Cuando llueve, los cristales se limpian automáticamente.

El Estadio Olímpico de Múnich

LOS RASCACIELOS

LOS EDIFICIOS más altos del mundo se llaman rascacielos. Uno de los más altos es el John Hancock Center, en Chicago, EE.UU. Hecho de hormigón y acero, se eleva hasta una altura de 343 metros. La fuerte estructura de acero que entrecruza el edificio le permite resistir toda clase de fenómenos climáticos, especialmente los vientos fuertes. En el interior del John Hancock Center hay 100 plantas, que cuentan con oficinas, tiendas, apartamentos, un estacionamiento para coches y hasta una piscina.

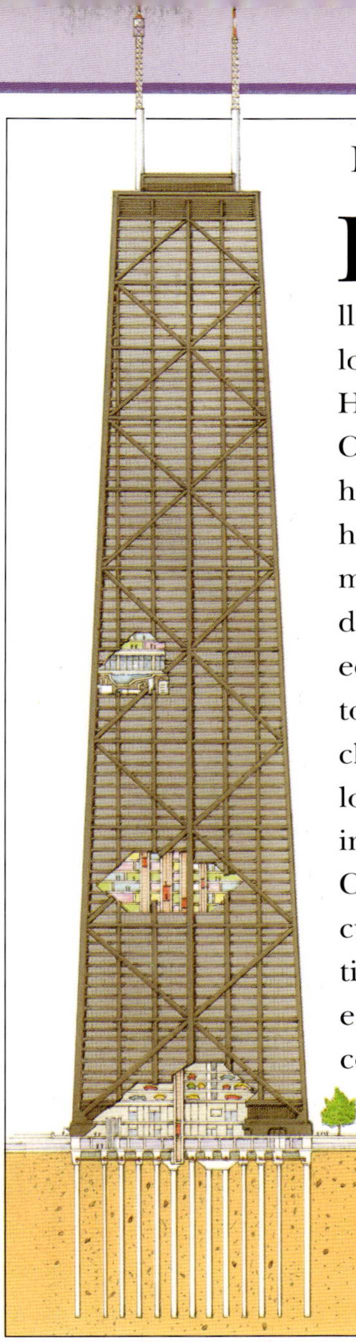

Los cimientos del edificio están hechos con tubos largos de acero rellenos de hormigón. Son la base, que apoya su peso en la roca firme.

Puente de cables

▶ Uno de los edificios modernos más famosos del mundo es la Ópera de Sydney, construido durante la década de 1960. Se diseñó para que pudiera admirarse desde cualquier punto, incluso desde arriba. Tiene el aspecto de una serie de conchas superpuestas, con el tejado blanco cubierto con más de un millón de tejas, hechas especialmente para adaptarse a las curvas de las conchas.

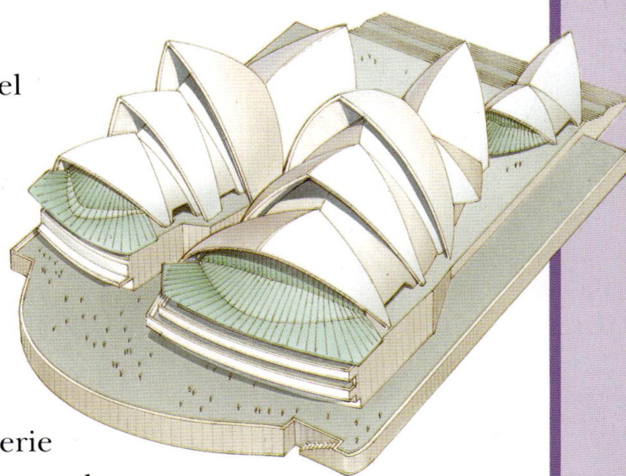

Dentro de la Ópera de Sydney hay salas para ópera, para concierto, para teatro y para exposiciones, además de restaurantes, bares y una biblioteca.

EL LENGUAJE Y LA ESCRITURA

LAS PRIMERAS LENGUAS que usaron los pueblos primitivos, probablemente se componían en su mayor parte de gestos y gruñidos. Hoy, se hablan en el mundo miles de lenguas diferentes. Se suele dar más sentido a las palabras con los movimientos de las manos o las expresiones de la cara. Algunas lenguas tienen características insólitas: la gente de la Gomera, en las Islas Canarias, todavía emite fuertes silbidos para entenderse unos con otros a través de los valles.

La mayoría de las lenguas se puede escribir, usando letras o símbolos que significan sonidos o palabras. La escritura primitiva era en forma de pinturas (pictográfica). Los científicos modernos, leyendo esas pinturas, pueden descubrir detalles fascinantes sobre la vida de hace miles de años. Actualmente la mayoría de las lenguas tienen un alfabeto, aunque el chino y el japonés usan todavía símbolos, llamados caracteres.

Maya

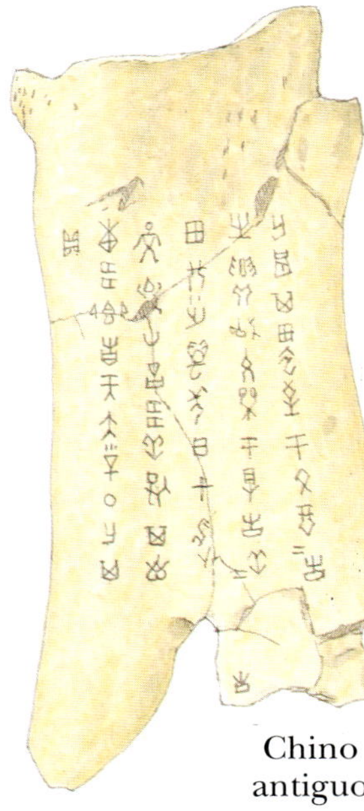

Chino antiguo

◄▼ Las primeras escrituras se remontan a 3.500 años a.C. El pueblo sumerio, de Mesopotamia (ahora, el Irak) usaba un junco con una punta en un extremo para dibujar símbolos sobre unas tablillas de barro húmedo. En la América precolombina, los mayas escribían tallando una serie de dibujos en bloques de piedra. En la antigua China, los sacerdotes arañaban preguntas sobre un hueso y después lo acercaban al fuego. Las partes donde las grietas del hueso se cruzaban con los símbolos, se suponía que daban las respuestas de los dioses.

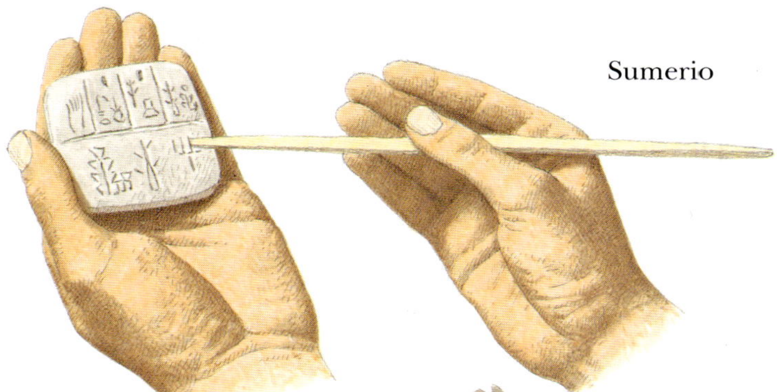

Sumerio

► Se hablan lenguas diferentes no sólo en cada país, sino también dentro de los propios países. Pueden ser tan distintas que las gentes que viven en el mismo país pueden no entenderse unos con otros. Existen varios dialectos del chino, entre ellos el mandarín, que es el más corriente, aunque sólo hay una clase de escritura, que todos pueden entender.

China comprende muchos pueblos diferentes —como esta joven miao—, que todavía conservan sus propias lenguas.

En la India se hablan centenares de lenguas distintas. Este joven pastor habla gujarati.

Los papúes de Nueva Guinea tienen más de 800 lenguas diferentes. La mayor parte de ellas se hablan en los valles aislados de las selvas tropicales.

VER TAMBIÉN: PÁGINA 8, EL ANTIGUO EGIPTO; PÁGINA 12, LOS ROMANOS; PÁGINA 14, LA ANTIGUA CHINA; PÁGINA 16, LA AMÉRICA PRECOLOMBINA

Japón

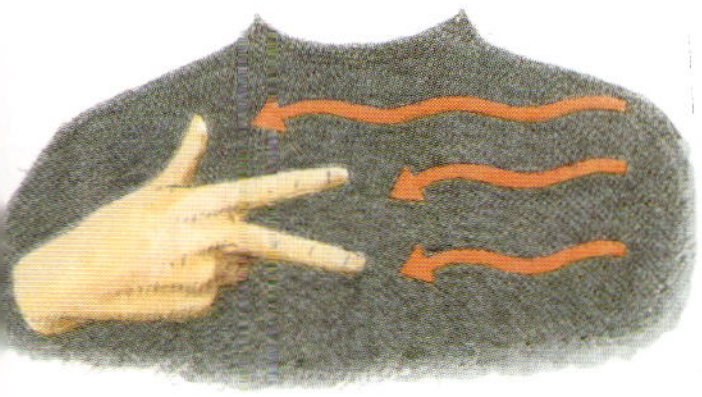

Dinamarca

EE.UU.

◀ Muchos sordos aprenden a leer en los movimientos de la boca lo que dice la gente. Hay también un lenguaje especial para los sordos, llamado el lenguaje de los signos. Los movimientos de las manos y los distintos gestos hechos con la cara equivalen a palabras o grupos de palabras. El lenguaje de los gestos varía de un país a otro, pero los nombres de los países se gesticulan de la misma manera.

Los antiguos egipcios usaban una forma de escritura por imágenes, llamada jeroglífica. Fueron los primeros en usar papel, hecho de papiros de juncos. Los jóvenes egipcios practicaban la escritura usando una pluma de junco o un pincel fino sobre trozos de la cerámica rota.

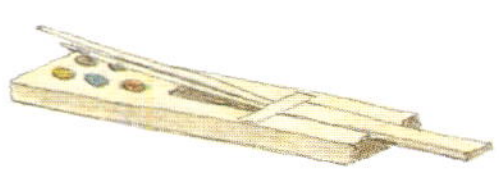

¿CÓMO ESTÁ ESCRITO?

TODAS las palabras de la columna de la derecha significan libro en diferentes idiomas. Muchos idiomas usan un alfabeto, una serie de letras que pueden combinarse para componer miles de palabras. El español y otros muchos idiomas usan el alfabeto romano. El hindi, el griego, el ruso y el árabe tienen todos su propio alfabeto.

Algunos idiomas, por ejemplo el español, el italiano y el francés, tienen muchas palabras parecidas. Esto se debe a que estos idiomas se derivan del latín, la lengua de los romanos. España, Italia y Francia formaron parte del imperio romano.

Book
Inglés

Kőnyv
Húngaro

Nángseŭh
Tai

Kitabu
Suahili

पुस्तक
Hindi

βιβλίο
Griego

книга
Ruso

書
Chino

كِتَاب
Árabe

La lengua de los koisán, de África del Sur, tiene también chasquidos hechos con los labios y la lengua.

▶ El chino lo habla más gente que cualquier otro idioma. El inglés sería la lengua más común si se incluyera a toda la gente que ha aprendido a hablarlo. El hindi es uno de los varios lenguajes importantes que habla la gente en la India. El español se habla no sólo en España sino también en gran parte de América Central y del Sur, donde fueron a vivir muchos españoles hace cientos de años.

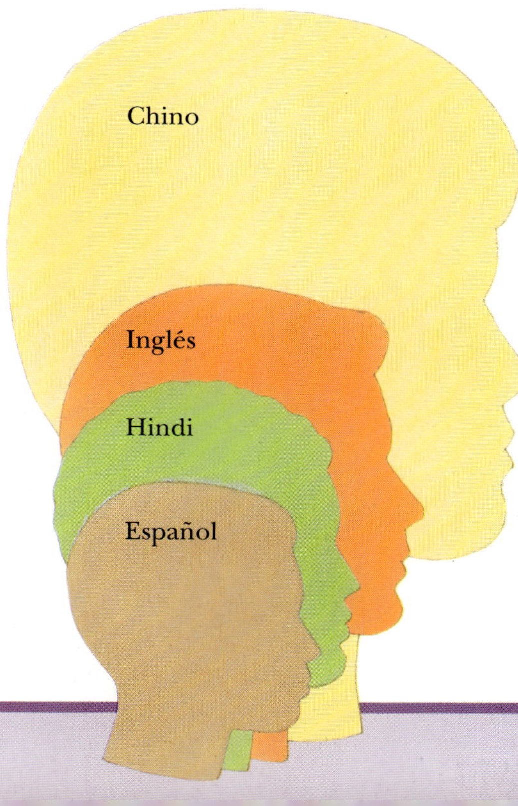

Estos son los cuatro idiomas más hablados del mundo (idiomas «maternos» de los que los han aprendido desde su nacimiento):

El chino: lo hablan más de mil millones de personas.
El inglés: lo hablan 450 millones de personas.
El hindi: lo hablan 400 millones de personas.
El español: lo hablan 350 millones de personas.

INSTRUMENTOS MUSICALES

PARA HACER MÚSICA, se puede usar la voz o tocar un instrumento musical. Tocar un instrumento musical es la afición favorita de muchas personas. Para otras, simplemente, ¡es divertido! En una orquesta, tocan juntos un gran número de músicos. Aquélla se divide en grupos, cada uno de los cuales consta de una clase de instrumentos parecidos. Los intérpretes leen los símbolos musicales, a los que llaman notas musicales.

Un instrumento musical muy popular es el piano. El músico presiona las teclas con los dedos. Puede hacer que el sonido sea más fuerte o más suave, y alargar o acortar las notas, apretando con los pies dos pedales.

▲ Un pianista puede tocar varias notas al mismo tiempo.

▼ A muchas personas les gusta escuchar música de grupos de pop o de rock. Un grupo suele componerse de un batería, un cantante y unos guitarristas. El sonido se hace más fuerte por medio de amplificadores. Algunos astros del pop ¡son tan famosos como las estrellas de cine!

◄ El arpista pulsa las cuerdas con los dedos.

▼ Tanto la viola como el violín se sujetan con la barbilla.

◄ Los instrumentos de cuerda se tocan moviendo un arco de un lado a otro, sobre las cuerdas tensas. El intérprete cambia de nota apretando con los dedos en diferentes cuerdas. El contrabajo es el mayor de estos instrumentos y produce los sonidos más bajos. El violonchelo es el siguiente en tamaño y se sujeta entre las piernas del músico. Después, vienen la viola y, el más pequeño de todos, el violín. En una orquesta hay más violinistas que intérpretes de cualquier otro instrumento.

Timbales

◀ El grupo de percusión de la orquesta se compone de instrumentos que se golpean para conseguir sonidos. Los timbales se reconocen muy bien por sus tambores. El gran bombo se golpea con un bastoncillo almohadillado para conseguir un sonido amortiguado. El que toca el triángulo puede hacer un sonido tintineante o dar una nota clara.

Bombo

Platillos o címbalo

Triángulo

▶ Los platillos (o címbalo) se golpean entre sí.

Trompeta

▲ La trompa es un largo tubo de cobre redondo y zigzagueante.

Trompa

Trombón

◀▶ Los intérpretes que tocan instrumentos de metal y de viento de madera tienen que soplar para tocar sus instrumentos. La trompeta suena con un sonido alto y electrizante. El que toca el trombón desliza un tubo hacia dentro y hacia fuera para conseguir las diferentes notas. La tuba toca notas bajas. La mayoría de los instrumentos de viento, como el clarinete y el oboe, producen los sonidos por medio de un trocito de caña que hay en la boquilla, que se llama lengüeta. El flautista sopla por un agujero de la boquilla.

Tuba

EL DIRECTOR

AUNQUE él no toca ningún instrumento, el director tiene un papel muy importante dentro de la orquesta. Se asegura de que cada grupo o familia de instrumentos toque su partitura en el momento justo, para que se oiga el sonido correcto.

El director maneja una varita que se llama batuta, para indicar a la orquesta la velocidad y el ritmo exactos. También le sirve para dar la entrada a cada grupo de instrumentos, cuando les llega su turno de tocar. El director tiene que conocer muy bien la partitura musical.

◀ El saxofón lo usan, sobre todo, los intérpretes de jazz.

Saxofón

Flauta

Fagot

Oboe

Clarinete

LA TELEVISIÓN

LA TELEVISIÓN (TV) se inventó en la década de 1930. Empezó a popularizarse en la década de 1950, cuando la gente empezó a comprar los aparatos para verla en casa. Hoy día la principal fuente de entretenimiento y de información del mundo es la TV. Los programas llegan hasta los hogares desde satélites situados en el espacio, a miles de kilómetros de altura.

La televisión funciona por medio de la electrónica. La estación emisora transmite (envía) ondas de radio que son transformadas por los televisores en sonidos e imágenes. Algunos programas, especialmente las noticias y los deportes, se emiten en directo, es decir, en tiempo real. Pero muchos programas de TV se graban en una cinta de vídeo para transmitirlos en una fecha posterior (en diferido). También podemos reproducir cintas de vídeo en un aparato reproductor de vídeo (VCR). Las cintas se graban con sonidos e imágenes y se reproducen a través del televisor.

Además de los cámaras y el equipo de sonido, los ayudantes del director trabajan en el estudio. Él se responsabiliza de que todo se desarrolle con normalidad.

Las imágenes aparecen en las pantallas de televisión que tienen el director y sus ayudantes en la sala de control de producción. El director, responsable de que las imágenes se vean en nuestras pantallas, da instrucciones a la gente del estudio y a los técnicos de imagen y sonido.

◄ Un satélite es algo que viaja alrededor de un planeta mientras lo mantiene en órbita la fuerza de la gravedad. La Tierra tiene un satélite natural —la Luna— y muchos satélites artificiales. Se usan para hacer previsiones meteorológicas, para establecer enlaces telefónicos y para ayudar a los barcos y a los aviones a determinar su posición exacta. Los programas de televisión se transmiten desde las estaciones en tierra a los satélites, de donde los captamos mediante parabólicas.

El operador maneja la cámara, mientras se comprueba la imagen en el monitor.

◄ Muchos programas de televisión se hacen en un estudio. Suelen tener salas de control anejas. Una cámara de TV transforma las imágenes que capta en señales electrónicas que se envían a la sala de control por medio de un cable. El micrófono hace lo mismo con el sonido. En la sala de control, se mezclan la imagen y el sonido y se graban o se envían a la emisora que los transmite.

◄ Las señales eléctricas de la TV se transmiten por ondas de radio. Los distintos canales son transportados por ondas de frecuencia diferente (el número de ondas de radio emitidas por segundo). Las antenas de las casas de la gente captan las señales y el televisor las transforma en imagen y sonido. Las antenas parabólicas pueden captar las señales que envía un satélite. En algunas zonas, también se envían las señales de TV a las casas mediante unos cables que van por el suelo.

LAS PELÍCULAS

LA PRIMERA SESIÓN CINEMATOGRÁFICA de una imagen en movimiento o película tuvo lugar en París, el 28 de diciembre de 1895. Ese día, los hermanos Luis y Augusto Lumière hicieron cine usando un proyector recién inventado, el *cinematógrafo*. La audiencia vio una película en la que un jardinero se mojaba a sí mismo con una manguera trucada.

Para hacer una película trabajan equipos de cientos de personas. Las contrata el productor. El director dirige a los actores y a los operadores de las cámaras. Cuando todo está preparado, se pone la claqueta delante de la cámara y el director dice: «¡Acción!»

El cine se popularizó enseguida en el mundo. En 1907 se construyeron los primeros estudios en Hollywood, un distrito de Los Ángeles, California. Era un punto ideal, próximo a toda clase de paisajes. En la década de 1920 Hollywood era ya el centro de la industria cinematográfica mundial. Los actores y actrices favoritos se convirtieron en famosas estrellas de cine. Al principio, las películas no tenían sonido. De vez en cuando, aparecían letreros en la pantalla para explicar la historia. *The Jazz Singer* (El cantante de jazz), hecha en 1927, fue el primer largometraje con banda sonora. Las películas en tecnicolor y las de dibujos animados aparecieron en la década de 1930.

Una lente proyecta las imágenes sobre una pantalla.

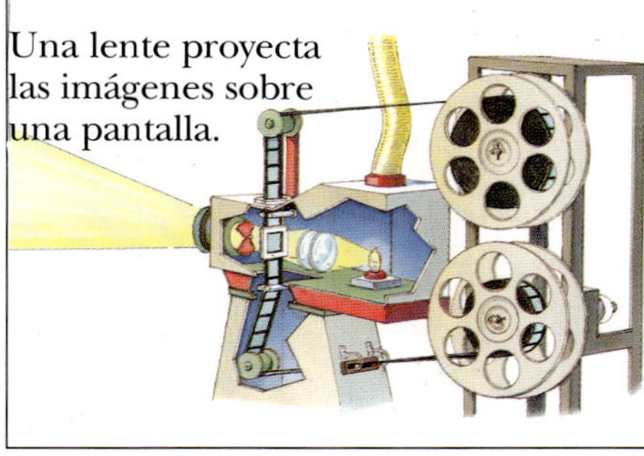

Una cinta de película, con una serie de fotografías, pasa por el proyector delante de una luz. La película se mueve a 24 imágenes por segundo, con lo que nuestros ojos perciben un movimiento continuo.

VER TAMBIÉN: PÁGINA 60, EL TRANSPORTE ESPACIAL.

LAS RELIGIONES

RELIGIÓN significa creer en algo que está más allá de nuestro mundo (del mundo físico), que suele ser en un dios o en varios dioses (un mundo espiritual). Desde los tiempos más remotos, la gente ha creído que un poder invisible de alguna clase ha creado su mundo y ha sentido la necesidad de rendir culto a su creador.

Las numerosas religiones del mundo actual —de las cuales las más importantes son el cristianismo, el islamismo, el hinduismo, el budismo y el judaísmo— tienen muchas cosas en común. Además de un dios o dioses, existe la creencia de que una persona tiene un alma, una especie de espíritu interior que nunca muere. Las personas religiosas rezan con regularidad y visitan sitios especiales —por ejemplo, una iglesia, una mezquita, una sinagoga o un templo— para rezar.

◄ Las mezquitas son los lugares en que rezan los musulmanes. Suelen tener el techo en forma de cúpula, con una luna en cuarto creciente (el símbolo del Islam). La torre se llama minarete y, desde ella, un hombre, el muecín, llama a los musulmanes a la oración.

Jesucristo vivió en Palestina, que formaba parte del imperio romano, hace 2.000 años. Predicó a la gente el amor y el perdón. Los cabecillas judíos, celosos de él, convencieron a los romanos para que le condenaran a muerte por crucifixión. Jesús tuvo que cargar con su propia cruz.

◄ Los cristianos siguen las enseñanzas de Jesús, a quien sus seguidores llamaron Cristo, que significa salvador. Los cristianos creen que Jesús fue el Hijo de Dios: vino a la tierra para salvar a todos del pecado, con el sacrificio de su vida. Los cristianos creen que cuando mueran su alma irá al Cielo.

El bautismo da la bienvenida a la fe. Es un signo de limpieza del pecado original. A los niños se les echa agua por la cabeza. Algunas personas se sumergen por completo.

VER TAMBIÉN: PÁGINA 12, LOS ROMANOS; PÁGINA 18, GRANDES IMPERIOS; PÁGINA 40, EDIFICIOS Y PUENTES.

En los lugares donde el islamismo es más estricto, las mujeres visten ropas que cubren sus cuerpos por completo.

Los seguidores del Islam se llaman musulmanes. Como los judíos y los cristianos, creen en un solo dios, a quien llaman Alá. Concretamente, siguen las enseñanzas del profeta Mahoma, que nació en La Meca —que ahora pertenece a la Arabia Saudí—, en el año 570 d.C. Su libro sagrado, el Corán, contiene el mensaje de Alá, los Cinco Pilares de la Sabiduría.

Los musulmanes siempre rezan mirando en la dirección de la ciudad sagrada de La Meca.

Judío hasídico. Lleva la vestimenta polaca de principios del XVIII.

Los judíos creen que hay un solo dios. Su historia se remonta a hace unos 4.000 años, cuando Abraham, un miembro de la tribu de los hebreos, oyó la voz de Dios, que le dijo que los hebreos tendrían un día su propia tierra, llamada la Tierra de Promisión. En compensación, debían obedecer las leyes de Dios. Los judíos de cualquier parte siguen todavía estas leyes, escritas en sus libros sagrados, la Torá y el Talmud. Muchos van a rezar al Muro del Oeste (o Muro de las Lamentaciones), lo único que queda del antiguo templo de Jerusalén.

EL BUDISMO

La estupa de oro, en Rangún, Myanmar (Birmania).

Una estatua de Buda, sentado y en meditación. Los largos lóbulos de las orejas significan que posee una gran sabiduría.

EL NOMBRE de Buda significa el ilustrado. Se llamó así a un hombre que se llamaba Sidarta Gautama y vivió en la India hace unos 2.500 años. Se preguntaba cómo podría la gente escapar al sufrimiento. Se dio cuenta de que la respuesta consistía en que las personas dominaran su propio egoísmo. Y que llevaran una vida llena de buenas obras y de buenos pensamientos.

Hoy siguen las enseñanzas de Buda unos 500 millones de personas, la mayoría del sur y del este de Asia. Los templos, llamados estupas, contienen lo que dicen que son los restos de Buda.

Brahma

Visnú

Siva

EL HINDUISMO

LOS HINDÚES creen en un dios supremo llamado el Brahmán. Veneran a este dios en forma de otros dioses menores, de los cuales los tres más importantes son Brahma, el Creador; Siva, el Destructor y Visnú, el Conservador. Visnú se representa de muchas formas diferentes, como el valiente y alegre Krishna. Los hinduistas creen que el alma de una persona no muere, sino que se traslada de un cuerpo a otro (transmigración), a veces incluso reencarnando en un animal. Una vida de bondad llevará al alma más cerca de Brahma.

LOS DEPORTES

EN LOS DEPORTES de competición intervienen muchas personas, individualmente o como equipo. En algunos, el vencedor es el que corre más deprisa o el que lanza algo más lejos. En otros, como el tenis o el fútbol, los jugadores ganan marcando más puntos o más goles. En salto de trampolín, la gimnasia o el patinaje sobre hielo son unos jueces quienes deciden quiénes lo han hecho mejor.

La competición más famosa son los Juegos Olímpicos, llamados así por Olimpia, el lugar de los Juegos de la antigua Grecia. Los Juegos modernos se celebran cada cuatro años. Hombres y mujeres tratan de ganar medallas de oro, de plata o de bronce, según queden en primer, segundo o tercer lugar en su deporte.

◀ El baloncesto es un juego muy rápido en el que participan dos equipos. A cada lado del campo de juego hay una cesta fijada en alto. Los jugadores tratan de lanzar la pelota para que entre en la cesta del equipo contrario. El baloncesto se inventó en los EE.UU. en el siglo XIX. Los primeros jugadores usaban cestas de recoger fruta y después de cada tanto... ¡alguien tenía que subirse a una escalera para sacar la pelota de la cesta!

▶ Hay muchos deportes en los que se utilizan caballos, entre ellos las carreras. En salto, el jinete lleva al caballo por una pista de obstáculos, saltando por encima de una serie de vallas.

VER TAMBIÉN: PÁGINA 10, LA ANTIGUA GRECIA; PÁGINA 12, LOS ROMANOS; PÁGINA 16, LA AMÉRICA PRECOLOMBINA.

Salto de altura

◀ Hay muchas modalidades deportivas que se practican en un estadio de atletismo, generalmente al mismo tiempo. La pista de carreras rodea un campo central; tiene la forma de una «O» aplastada, con los lados rectos. La pista está dividida por líneas blancas en calles, dentro de las cuales corren los atletas. Las carreras pueden durar unos pocos segundos muy excitantes o varios agotadores minutos. En el interior de la pista hay zonas para pruebas de lanzamiento y de salto, como la jabalina, el salto con pértiga y los saltos de longitud y de altura.

El esquí es un deporte excitante para cualquiera. Los esquís permiten deslizarse por la nieve suave y rápidamente, sin hundirse.

Los cayucos y las canoas son botes largos y estrechos, que sólo suelen tener sitio para una sola persona. Avanzan por el agua usando un remo de dos palas. Hay gente que rema con su canoa o su cayuco por aguas turbulentas.

LA HISTORIA DEL DEPORTE

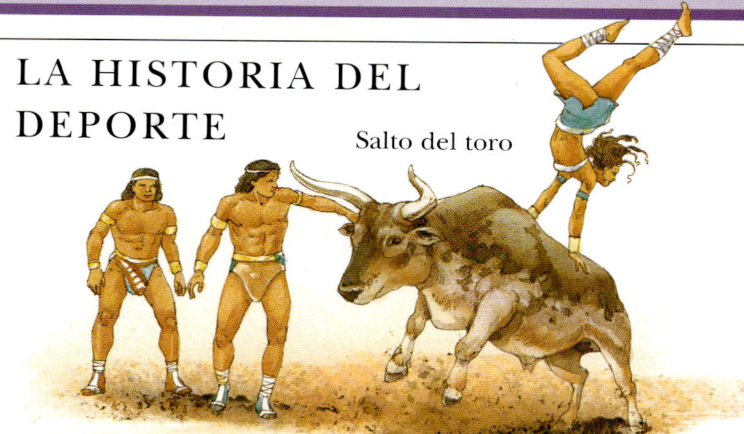

Salto del toro

LOS DEPORTES como la carrera, la natación y los lanzamientos se remontan a los tiempos primitivos. Las competiciones de lucha y de carreras de caballos entrenaban a los guerreros para el combate. Un deporte popular entre los minoicos de la antigua Creta era el salto del toro. Los hombres y mujeres más atrevidos se agarraban a los cuernos de un toro según se aproximaba y después daban un salto mortal por encima. Hay muchos deportes antiguos que se siguen practicando, como las luchas de sumo que empezaron en el Japón como un homenaje a los dioses. Los luchadores combatían hasta la muerte. Los deportes nuevos —como el balonvolea de playa— suelen ser variantes de otros.

Luchadores de sumo

Balonvolea de playa

Los barcos

LAS PRIMERAS EMBARCACIONES fueron tal vez sólo balsas de cañas o de troncos. Con el tiempo, el hombre aprendió a hacer botes vaciando troncos de árbol y, más tarde, uniendo planchas de madera. Al añadir las velas ya fue posible aprovechar el viento. Hoy día, los buques o grandes barcos pueden hacer prolongados viajes por mar.

Los barcos de vela llevaron a exploradores como Cristóbal Colón a todos los rincones de la Tierra. Más adelante se construyeron buques de metal, con motores y hélices. Eran más grandes que los viejos barcos de vela de madera.

Nave vikinga

Canoa polinesia *(wa'a kaula)*

Junco chino

◀ Los vikingos fueron los primeros en cruzar el Océano Atlántico, hace un millar de años. Los isleños polinesios también hicieron viajes increíblemente largos en grandes canoas de doble casco. Utilizaban las estrellas para saber su situación en el mar. Los chinos todavía usan sus tradicionales barcos de vela, llamados juncos. Llevan cañas de bambú de un lado a otro de las velas, para mantenerlas planas.

Petrolero *Globtik* Tokyo

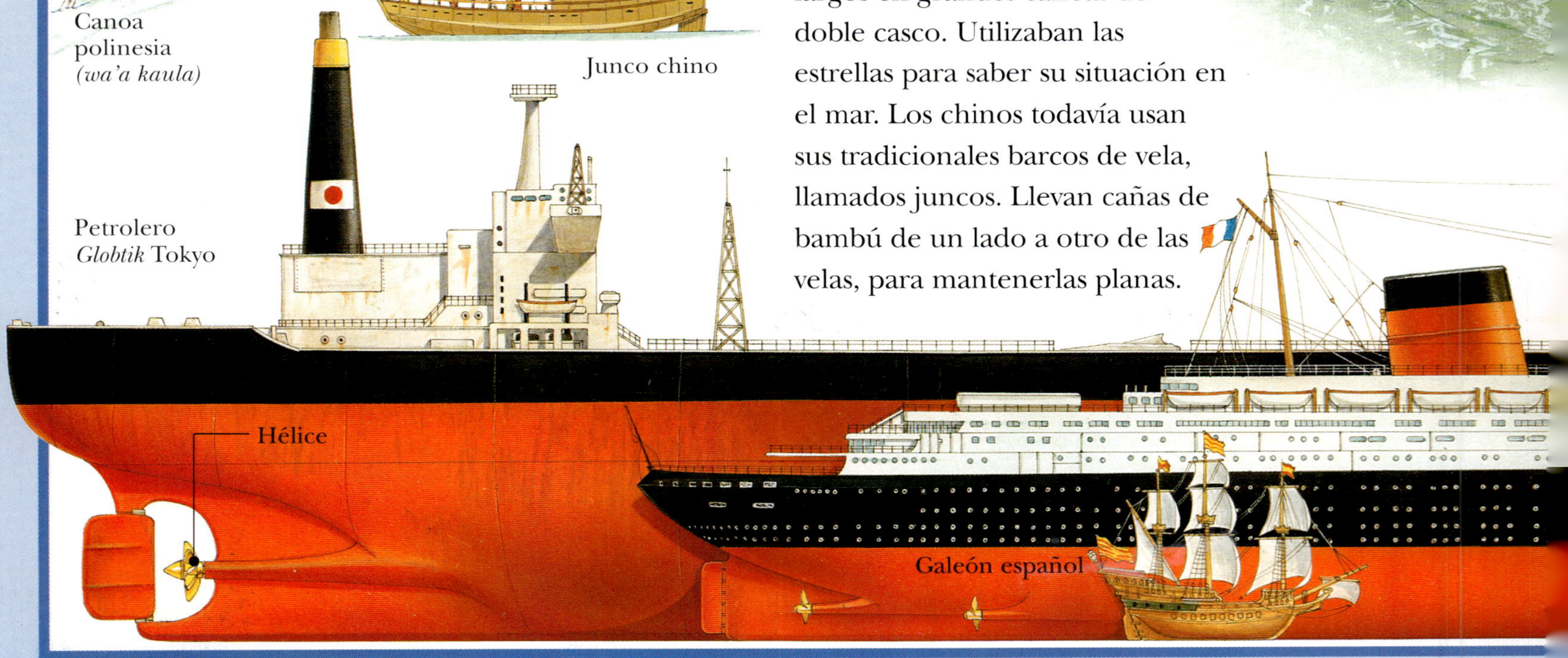

VER TAMBIÉN: PÁGINA 22, EXPLORADORES.

◀ Los galeones de guerra españoles del siglo XVI eran grandes buques de tres mástiles armados con cañones. Tenían unas gruesas amuras de madera y el castillo de popa iba ricamente decorado. Las velas eran enormes y tenían que ser izadas o arriadas por los marineros tirando de gruesas cuerdas. En la batalla entre la flota inglesa y la Armada española, que tuvo lugar en 1588, participaron los galeones.

BAJO LAS OLAS

LOS SUBMARINOS son buques que pueden desplazarse debajo del agua. En la guerra son mortíferos, porque atacan a los barcos de superficie disparándoles torpedos. En la actualidad, los submarinos se mueven a propulsión nuclear. Pueden permanecer bajo el agua, sin salir, durante años.

Los buques submarinos llamados sumergibles son como submarinos en miniatura. Se emplean para explorar las profundidades oceánicas y estudiar a los animales que allí viven. En 1960, hubo dos científicos que bajaron, en el sumergible *Trieste,* al punto más profundo de los mares: el *Challenger Deep,* en la fosa de las islas Marianas, en el Pacífico.

Submarino USS *George Washington*

Catamarán *Sea cat*

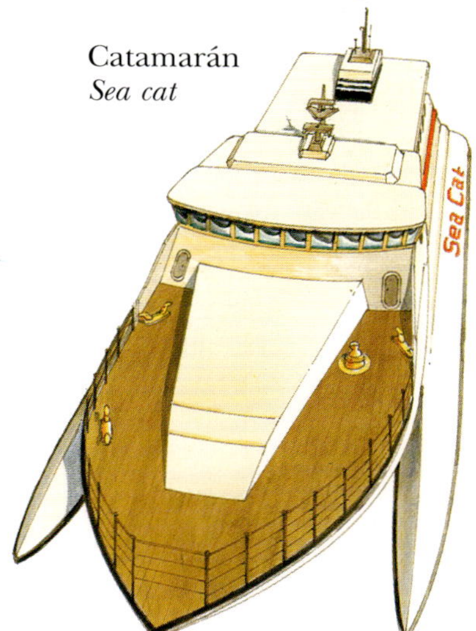

◀ El *Sea cat* tiene doble casco (el cuerpo principal de un barco). Va rompiendo las olas, lo que le permite viajar muy deprisa con mar gruesa.

▼ Un galeón parece muy pequeño si se le compara con el acorazado de 1906: el *Dreadnought.* Los trasatlánticos son todavía más grandes. Pero todos ellos resultan casi enanos ante el enorme petrolero de 450 metros de largo.

Trasatlántico *Normandie*

Acorazado HMS *Dreadnought*

uque de guerra HMS *Dreadnought*

LOS TRENES

ANTES DE que se inventase el tren, la única manera de hacer un viaje largo por tierra era a caballo o en un carruaje. Los trenes permitieron que la gente llegase a su destino rápida y fácilmente. También se pudieron transportar grandes cantidades de mercancías y materiales.

Los primeros trenes se inventaron hace casi 200 años y estaban movidos por máquinas de vapor, llamadas locomotoras. Un poco más tarde, las locomotoras de vapor eran ya unas máquinas enormes, que vomitaban nubes de espeso humo negro. Hoy día, en casi todo el mundo ha pasado ya la época de los trenes de vapor. Los trenes propulsados por locomotoras diesel —o eléctricas— son más limpios y más rápidos. Para el futuro ya se están diseñando trenes nuevos y mejores; entre ellos están los «maglev» o de levitación magnética, que van suspendidos sobre raíles con imanes.

La locomotora británica *Mallard* ha sido la locomotora de vapor más rápida. En 1938 estableció un récord del mundo: 201 km/hora. En esta ilustración y la *inferior derecha* (TGV) se muestra el interior de los trenes.

La locomotora de vapor de Trevithick

◄▲ La primera locomotora de vapor que anduvo sobre raíles la construyó en 1803 Richard Trevithick. Las primeras máquinas se usaron para transportar el carbón de las minas de Inglaterra. En 1829 hubo un concurso para elegir la mejor locomotora de vapor. El premio de 500 libras lo ganaron George Stevenson y su hijo, con su locomotora *Rocket*. Marchaba a 56 km/hora y se convirtió en el diseño utilizado en todas las locomotoras de vapor. En 1830 se inauguró el primer ferrocarril de pasajeros; muy pronto, se pudieron ver trenes y locomotoras en todo el mundo.

La *Rocket*, de George y Robert Stevenson

Típico tren de los usados en los EE.UU. a últimos del siglo XIX

CLAVES
1. Gran hogar de la caldera
2. Caldera
3. Cilindro
4. Ruedas motrices
5. Chimenea

▲ Una locomotora de vapor se basa en la energía que produce cuando el agua se calienta y se transforma en vapor. Se quema carbón en un gran hogar de caldera, calentando así el agua que va por los tubos de la caldera. Cuando está muy caliente, se convierte en vapor. El vapor se lleva a un cilindro, en donde empuja un pistón. El pistón, a su vez, impulsa la rueda motriz, con lo que la locomotora se mueve. El humo de la caldera sale por una chimenea.

El fogonero tiene que mantener bien provisto de carbón el hogar de la caldera, para que siga ardiendo.

ARRIBA Y DEBAJO

LOS TRENES eléctricos son muy útiles donde el humo o los gases no pueden diluirse fácilmente en el aire. Hay muchas ciudades que tienen líneas de trenes eléctricos que van bajo el suelo, enlazando las diversas zonas de la ciudad, que se desplazan con mucha rapidez. El primer tren subterráneo se inauguró en Londres en 1863 (*arriba a la izquierda*).

Los trenes que van por el suelo suelen correr sobre raíles dobles, pero hay un tipo de tren que va sobre un raíl. Estos trenes, llamados monorraíles, van suspendidos de una viga que va por encima de ellos. La ilustración (*arriba a la derecha*) nos muestra unos trenes monorraíl en Wuppertal, Alemania.

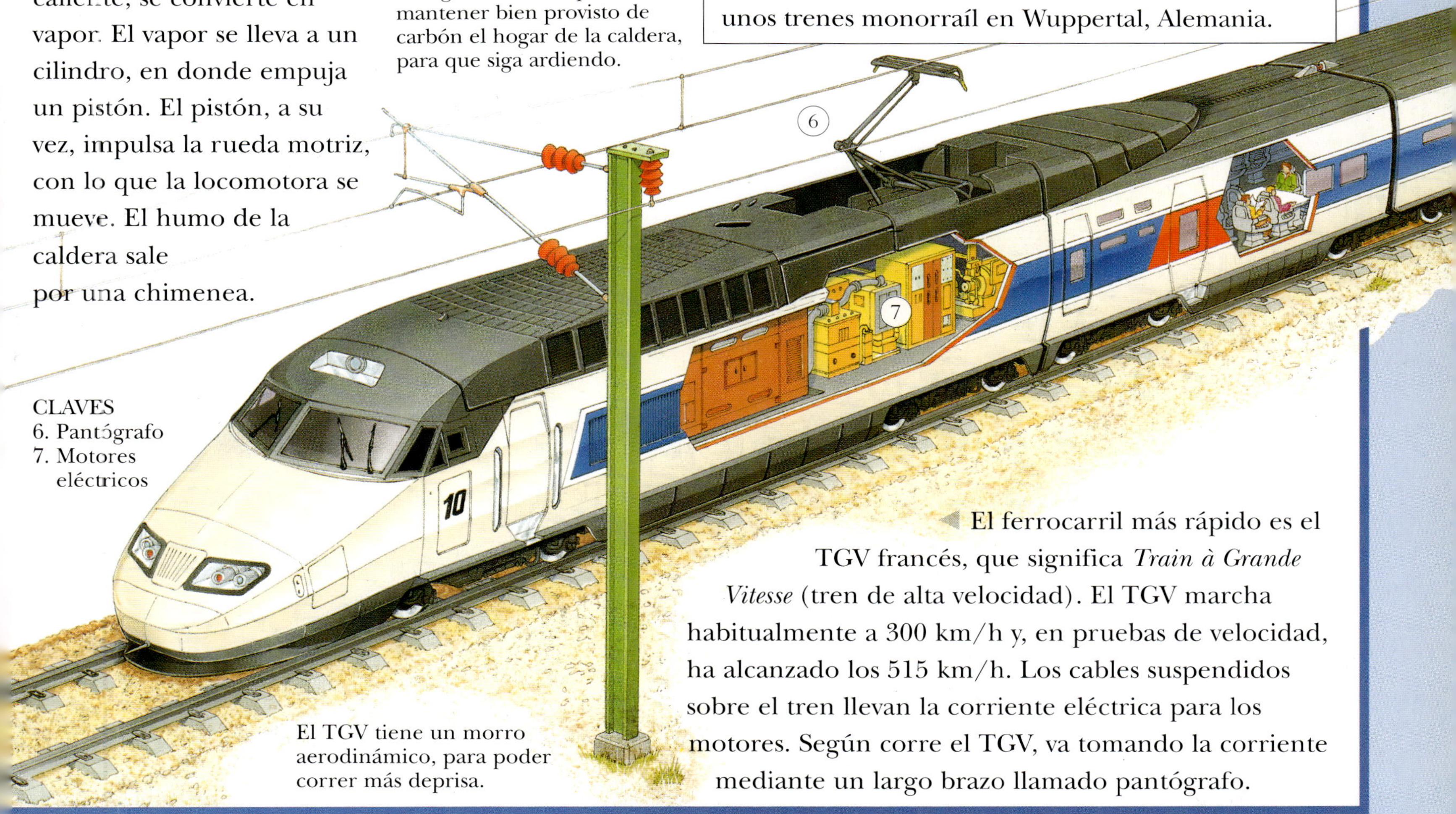

CLAVES
6. Pantógrafo
7. Motores eléctricos

◄ El ferrocarril más rápido es el TGV francés, que significa *Train à Grande Vitesse* (tren de alta velocidad). El TGV marcha habitualmente a 300 km/h y, en pruebas de velocidad, ha alcanzado los 515 km/h. Los cables suspendidos sobre el tren llevan la corriente eléctrica para los motores. Según corre el TGV, va tomando la corriente mediante un largo brazo llamado pantógrafo.

El TGV tiene un morro aerodinámico, para poder correr más deprisa.

EL TRANSPORTE POR CARRETERA

LAS CARRETERAS primitivas las usaban principalmente los ejércitos o los comerciantes, que viajaban a pie o a caballo. Durante siglos y hasta que se inventaron los trenes de vapor, la única manera de hacer un viaje terrestre era en carruajes tirados por caballos. El primer vehículo que anduvo con propulsión propia lo construyó en 1769 un francés: Nicolás Cugnot. Se movía a vapor y tan lentamente... ¡que andando se iba más deprisa! Los coches no llegaron a ser una forma práctica de viajar hasta la invención del motor de gasolina, en la década de 1880.

Sin embargo, hoy día la gente está preocupada por la contaminación que los motores de gasolina producen en el aire. Habrá un día en que casi todos los coches puedan moverse con la electricidad, una fuente de energía mucho más limpia.

El primer coche de gasolina lo inventó, en 1885, el ingeniero alemán Karl Benz. Tenía tres ruedas y su velocidad máxima era de sólo 13 km/h.

► Los primeros coches eran vehículos muy simples, a los que se conocía como coches sin caballos. A principios de este siglo ya se habían inventado varias clases de motores, cajas de cambio, direcciones y neumáticos. El primer coche en emplearlos todos fue el Mercedes. Lo fabricó por primera vez, en 1901, la empresa alemana Daimler. El Mercedes era un coche de lujo, que sólo podían permitirse los más ricos.

Mercedes (1901).

► Los modernos motores de coche funcionan inyectándoles combustible (gasolina o gasóleo) y aire. Salta una chispa que hace explosionar la mezcla en un espacio reducido. La fuerza de la explosión impulsa los pistones y las bielas, que hacen girar las ruedas. Los coches de carreras están diseñados para ir muy rápidos. Tienen motores muy potentes y una forma baja y aerodinámica, para ofrecer menos resistencia al aire. Sus anchos neumáticos se agarran bien a la superficie de la pista cuando el coche derrapa en las curvas cerradas.

Se ha eliminado parte de la carrocería de este coche de carreras para ver el interior.

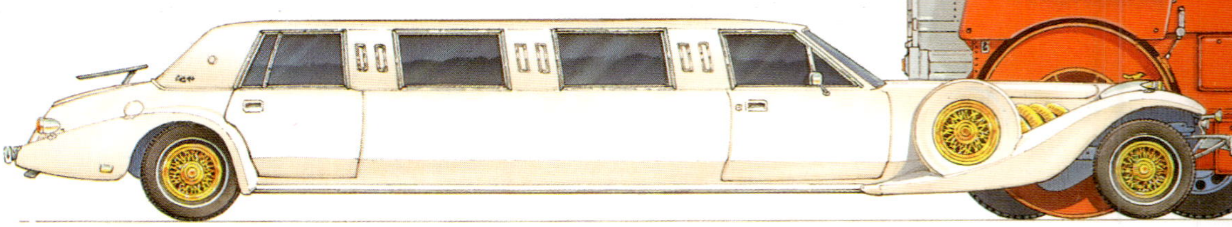

Los coches más largos son las grandes limusinas. Los pasajeros viajan con toda comodidad, disfrutando de un bar con bebidas y viendo la televisión.

El Ford modelo T, apodado el «Tin Lizzie», fue diseñado por Henry Ford. Los coches primitivos había que hacerlos uno a uno; pero en la factoría de Ford, los trabajadores ensamblaban a la vez un gran número de coches. De esta forma, podían fabricar los coches más deprisa y más baratos.

El «escarabajo» Volkswagen (llamado así por su forma parecida a la de este insecto) se fabricó por primera vez en Alemania en la década de 1930.

◀ Las primeras motocicletas, construidas hace unos 100 años, eran bicicletas con un motor acoplado. Las modernas son muy potentes, capaces de alcanzar los 250 km/hora.

LAS BICICLETAS

LAS PRIMERAS bicicletas se inventaron hace unos 200 años. No tenían pedales, y los ciclistas se impulsaban con los pies. La primera bicicleta de pedales la construyó en 1839 un escocés: Kirkpatrick Macmillan. Las bicicletas primitivas, conocidas como quebrantahuesos, tenían las ruedas de madera o de hierro, lo que hacía que los ciclistas sufrieran fuertes sacudidas. También tenían formas muy extrañas: la Penny Farthing («penique-cuarto de penique») tenía una rueda delantera muy grande con una trasera muy pequeña. Las bicicletas modernas tienen un armazón ligero, los neumáticos de goma y una cadena que mueve las ruedas.

Una primitiva bicicleta de madera, sin pedales

Bicicleta de carreras moderna

El velocípedo Penny Farthing

▼ Existen algunos vehículos de carretera que hacen parecer enanos incluso a los coches más grandes. Hay camiones enormes, que atraviesan los continentes llevando mercancías. Los camiones volquete pueden elevar la caja para vaciar su carga. Las apisonadoras pesadas aplanan la superficie de una nueva carretera.

LOS AVIONES

EL HOMBRE siempre ha querido volar. Los primeros en hacerlo fueron los hermanos franceses Joseph y Étienne Montgolfier, que volaron sobre París en su primer globo de aire caliente en 1783.

El aeroplano es una forma de volar mucho mejor y más rápida. Hace unos cien años, había mucha gente tratando de inventar uno, pero sus máquinas voladoras se estrellaban. Fue por entonces, en 1903, cuando dos jóvenes hermanos americanos —Orville y Wilbur Wright— probaron su avión sobre unas dunas de arena cercanas a su casa. Voló solamente 12 segundos, antes de aterrizar 36 metros más allá. Fue el primer vuelo controlado de la historia de un aeroplano.

El triplano Fokker Dr. 1 fue el avión favorito de un as alemán de la I Guerra Mundial: el barón Manfred von Richtofen.

▼ El Boeing 747 es el avión de pasajeros más grande del mundo y normalmente lleva hasta 420 personas. Es el único avión que tiene un piso superior. Se suele recordar que la envergadura de las alas de un Jumbo... ¡es mayor que la distancia que volaron los hermanos Wright en su primer vuelo! La cola es tan alta como un edificio de seis pisos. En la ilustración se han quitado algunos trozos del fuselaje, para poder ver el interior.

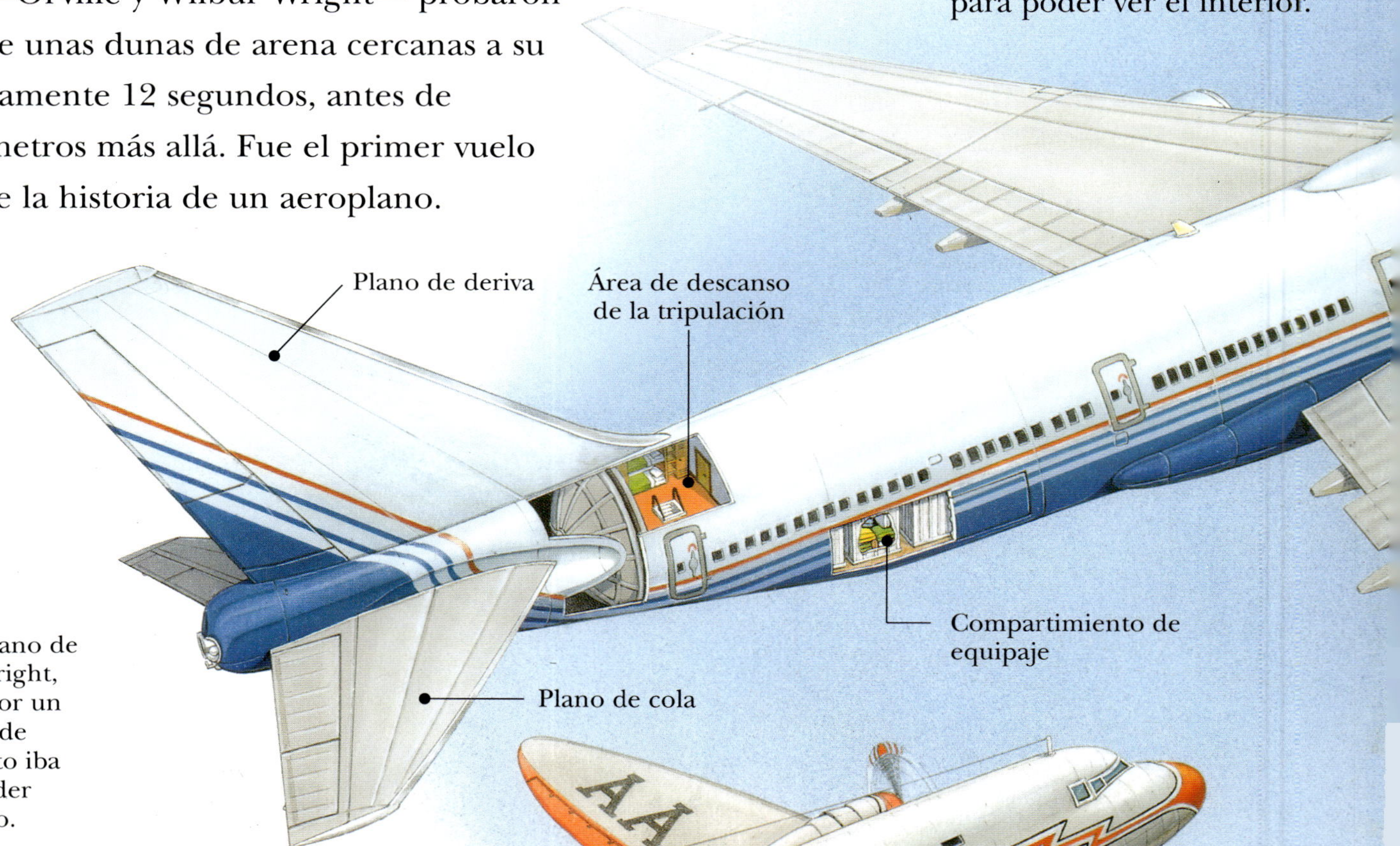

El *Flyer 1,* aeroplano de los hermanos Wright, estaba movido por un pequeño motor de gasolina. El piloto iba delante para poder dirigir su aparato.

El Douglas DC-3 Dakota, que voló por primera vez en 1935, fue uno de los primeros aviones de línea. Podía transportar 21 pasajeros.

El avión británico Spitfire combatió contra los cazas y bombarderos alemanes durante la II Guerra Mundial.

▼ En la cabina de un reactor Jumbo se sientan el piloto y el copiloto, con miles de luces, indicadores y pantallas frente a ellos. Durante buena parte de un vuelo normal, el avión vuela solo. Tiene un piloto automático que controla la velocidad y la dirección del avión y establece su situación por medio de ordenadores.

LOS HELICÓPTEROS

LOS HELICÓPTEROS pueden volar de lado y hacia atrás lo mismo que hacia adelante; pueden estar suspendidos en el aire y despegar o aterrizar verticalmente. No necesitan la pista que les hace falta a los aviones para despegar o aterrizar. A causa de esto, los helicópteros son muy útiles para el rescate de personas en las montañas o en el mar. También pueden llevar y traer gente a las plataformas petrolíferas o del techo de un rascacielos a otro.

Todos los helicópteros tienen rotores en forma de alas largas y delgadas. Giran con rapidez e impulsan el aparato por el aire. El rotor de cola evita que el helicóptero dé vueltas sobre sí mismo.

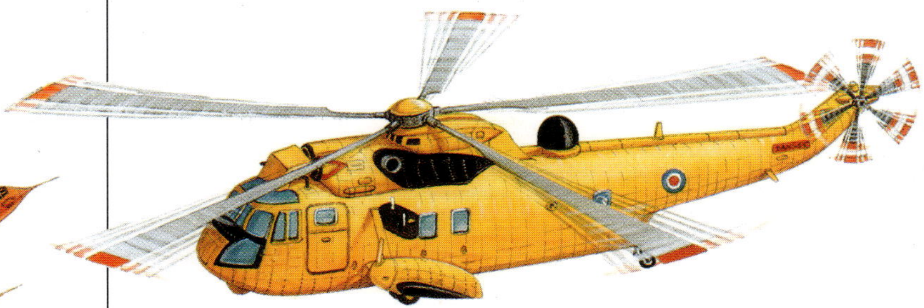

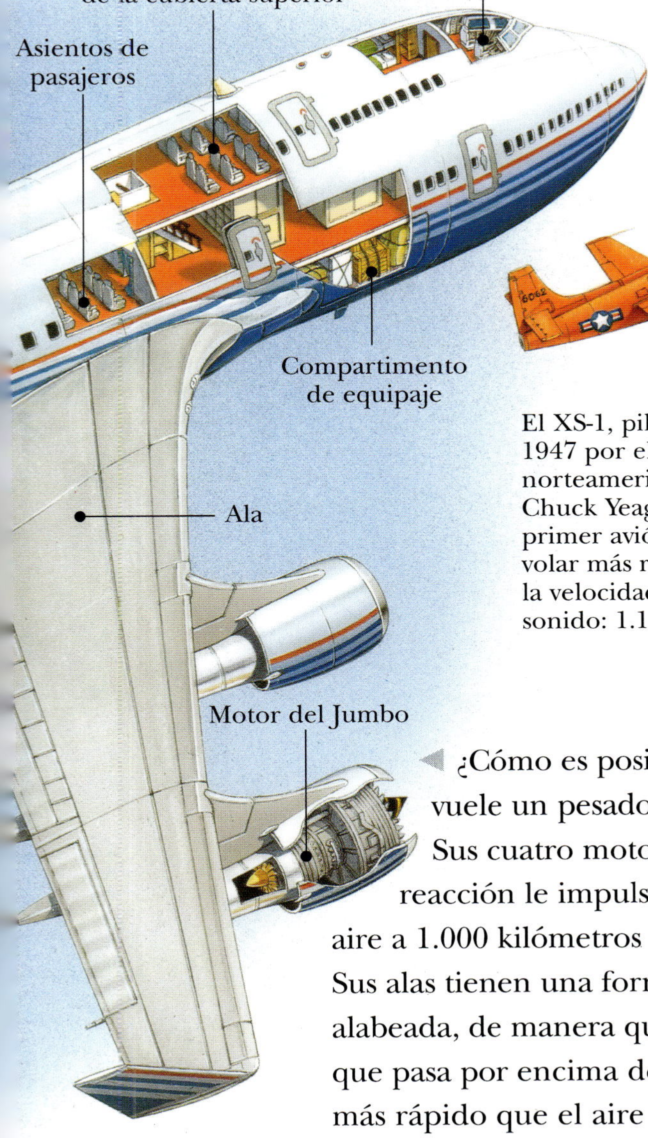

El XS-1, pilotado en 1947 por el norteamericano Chuck Yeager, fue el primer avión en volar más rápido que la velocidad del sonido: 1.196 km/h.

◀ ¿Cómo es posible que vuele un pesado Jumbo? Sus cuatro motores a reacción le impulsan por el aire a 1.000 kilómetros por hora. Sus alas tienen una forma alabeada, de manera que el aire que pasa por encima de ellas va más rápido que el aire de debajo. Esto produce un efecto de sustentación. (Podemos comprobarlo, soplando por encima de una tira de papel sostenida con la mano.)

El Mirage 2000 es un moderno caza a reacción. Puede alcanzar velocidades superiores a dos veces la del sonido.

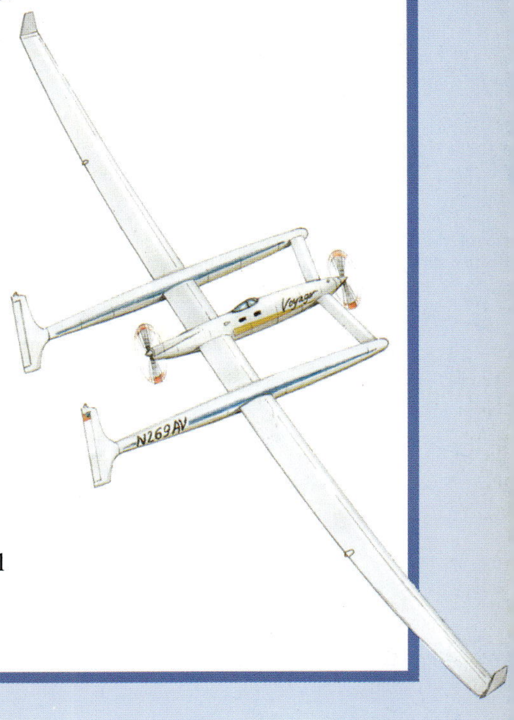

En 1986, Dick Rutan y Jeana Yeager, hicieron el primer vuelo alrededor del mundo sin repostar, a bordo del avión de Rutan *Voyager*.

EL TRANSPORTE ESPACIAL

UN VEHÍCULO ESPACIAL utiliza unos potentes motores de cohete, porque tiene que ir muy deprisa para escapar de la gravedad terrestre. El primer cohete espacial se llamaba *Vostok* y fue lanzado en la antigua Unión Soviética (*) en 1957. No llevaba tripulantes a bordo. El primer ser vivo que viajó por el espacio era un perro llamado Laika, que iba en un vehículo espacial, lanzado un poco más tarde ese mismo año. Luego, en 1961, un ruso llamado Yuri Gagarin se convirtió en el primer ser humano en viajar al espacio.

A los viajeros del espacio se les llama astronautas y, en Rusia, cosmonautas; desde entonces han llegado a la Luna y han visitado el espacio muchas veces a bordo de la lanzadera espacial. Ha habido una serie de vehículos espaciales que han viajado a puntos muy lejanos del Sistema Solar.

Cuando se les acaba el combustible, los cohetes de despegue se desprenden y caen al mar.

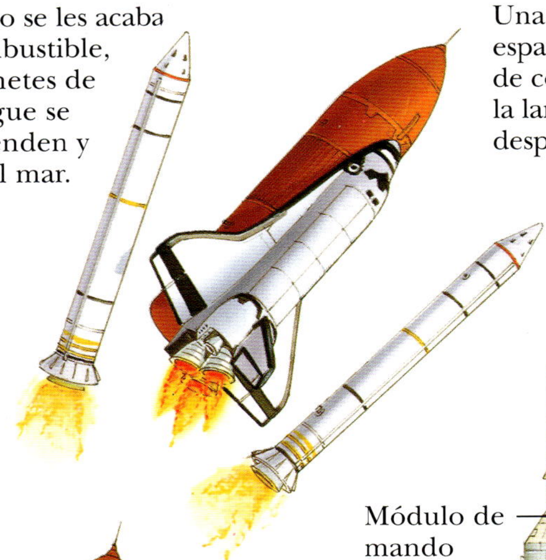

Una vez en el espacio, el depósito de combustible de la lanzadera se desprende. Al llegar a la atmósfera, se quema y se desintegra.

Los cohetes de despegue, juntamente con los motores principales, disparan la lanzadera hacia arriba a una velocidad diez veces mayor que la de una bala de fusil.

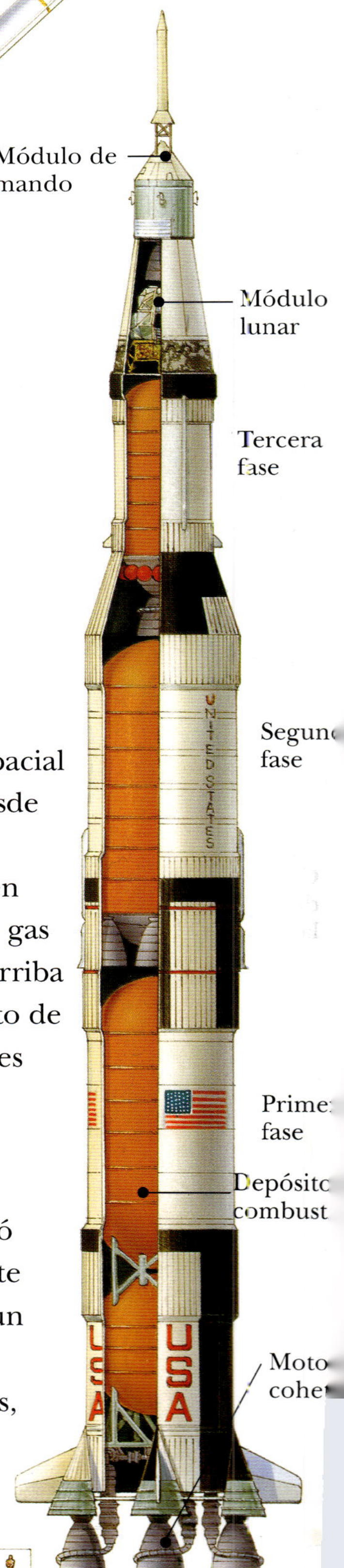

▼ Las sondas espaciales pueden estudiar planetas y lunas que están demasiado lejos para que pueda llegar a ellos, por ahora, el hombre. Al pasar cerca de su objetivo, envían fotografías a la Tierra En 1995, la sonda espacial Galileo lanzó a su vez otra sonda en la atmósfera de Júpiter.

Sonda espacial Galileo

◀ ¡Despegue! La lanzadera espacial comienza su viaje al espacio desde su rampa de lanzamiento. Los cohetes se encienden y despiden hacia abajo grandes chorros de gas caliente, que propulsan hacia arriba a la lanzadera. Lleva un depósito de combustible aparte y dos cohetes para la puesta en órbita.

▶ El primer ser humano que puso su pie en la Luna despegó de la Tierra utilizando el cohete Saturno V. Era tan alto como un rascacielos de 30 pisos y se componía de tres partes o fases, cada una de las cuales tenía su motor y su depósito de combustible. Los astronautas iban en el módulo de mando.

(*) Ahora hay 15 nuevos países, uno de los cuales es Rusia.

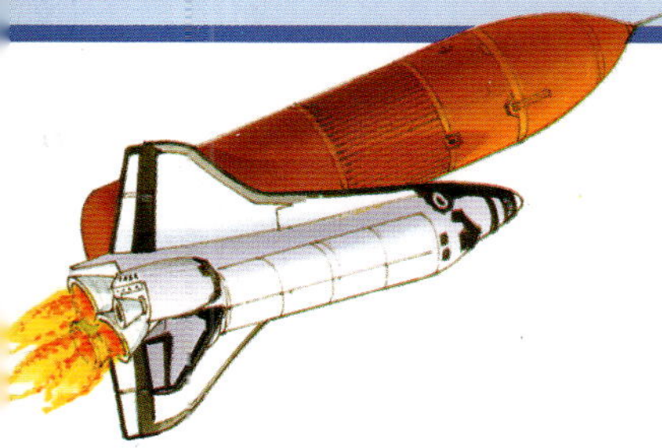

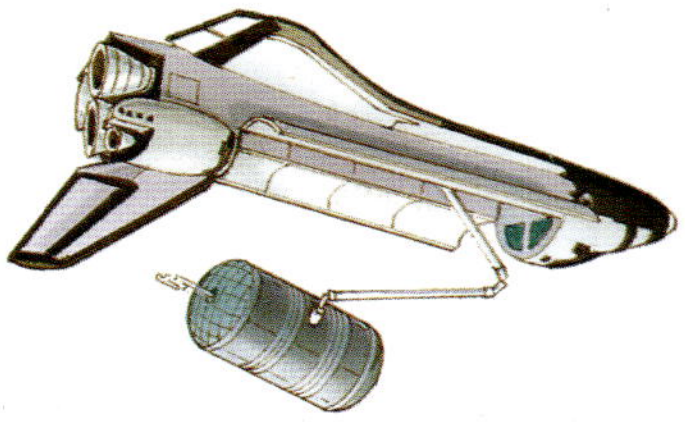

La tripulación de la lanzadera realiza una misión. En este caso se trata de lanzar un satélite.

▼ La lanzadera es una nave espacial que está diseñada para utilizarla una y otra vez. Puede poner satélites en órbita y llevar astronautas al espacio para recuperarlos o repararlos o para desarrollar experimentos. Cuando un objeto entra en la atmósfera terrestre se pone extremadamente caliente. Para impedir que la lanzadera se desintegre en su vuelo de regreso tiene una capa exterior especial de cerámica que la protege del intenso calor.

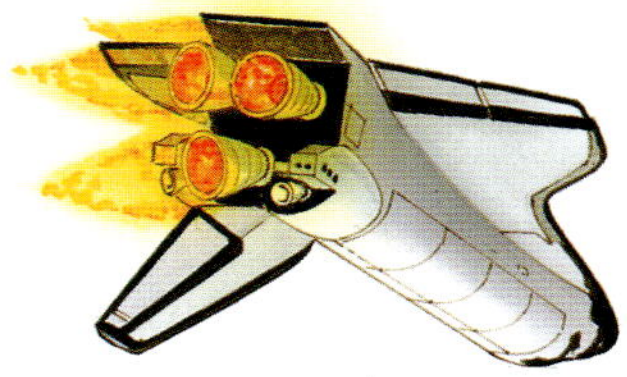

Al encender unos pequeños cohetes, la lanzadera se dirige de regreso a la Tierra.

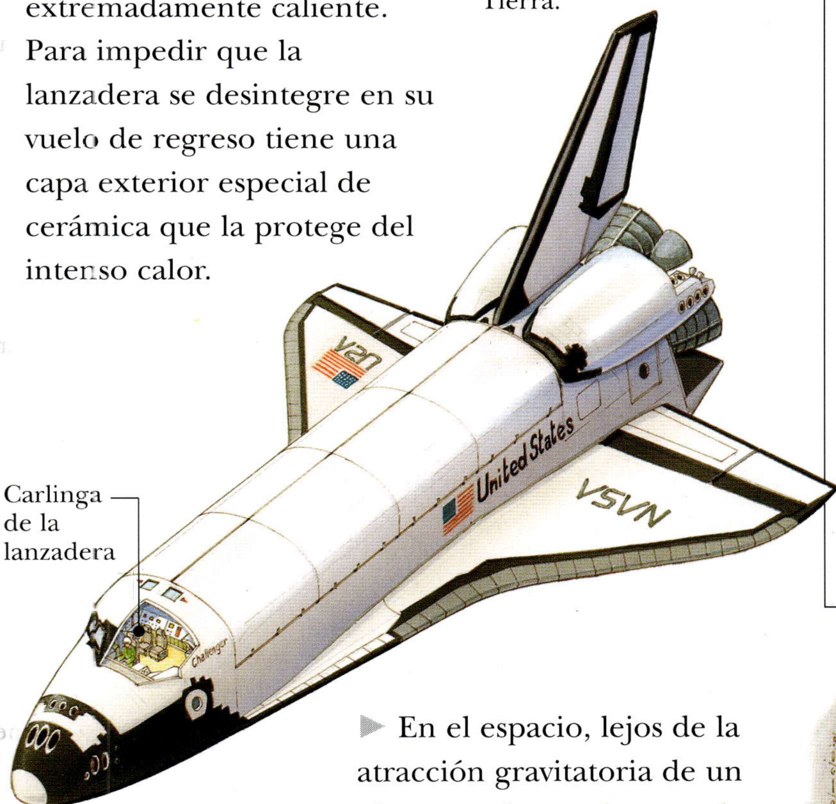

La lanzadera saca el tren de aterrizaje y aterriza en una pista, como si fuese un avión de línea.

EL ALUNIZAJE

EN JULIO DE 1969, el astronauta norteamericano Neil Amstrong se convirtió en la primera persona en poner el pie en la Luna. Viajó con otros dos astronautas, en una misión que se llamó Apolo 11. Entre 1969 y 1972, hubo otras doce que aterrizaron en la Luna. Exploraron su superficie, tomando fotografías y haciendo experimentos. También trajeron muestras de rocas lunares para que las estudiaran los científicos. Las últimas misiones usaron un vehículo de exploración lunar para moverse por la superficie de la Luna. Aquí pueden verse los astronautas con sus trajes espaciales. Llevaban aparatos para respirar y para mantener la temperatura y un enlace radio con la nave espacial.

► En el espacio, lejos de la atracción gravitatoria de un planeta o de una luna, todo es completamente ingrávido. En la estación espacial *Mir* los cosmonautas pueden flotar de un lado a otro. Duermen en posición vertical, fuertemente sujetos a sus sacos de dormir y tienen que hacer ejercicio para impedir que se les debiliten los músculos.

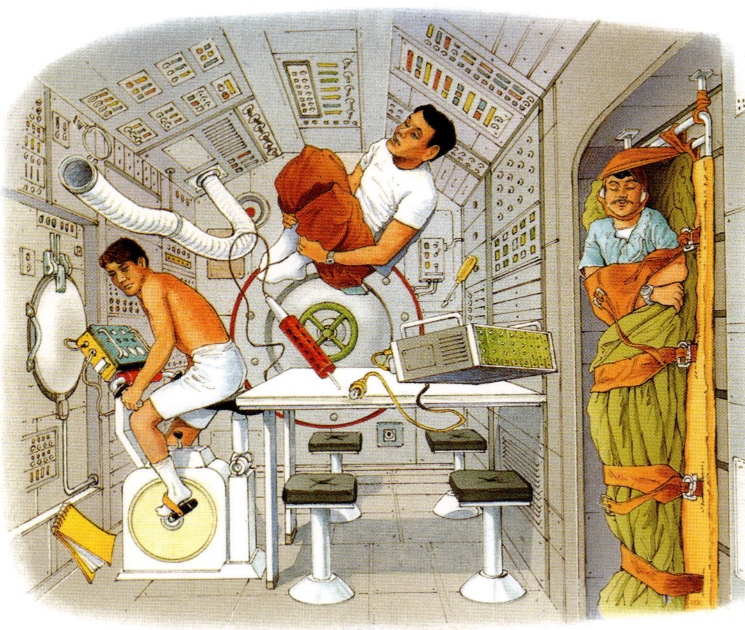

ÍNDICE

Los números de página en negritas se refieren a las entradas principales